Besser in Latein

Lernwörterbuch 1. bis 4. Lernjahr

Roland Granobs und Jürgen Reinsbach

Besser in Latein

Lernwörterbuch

1. bis 4. Lernjahr

Cornelsen

SCRIPTOR

Die Autoren:
Dr. Roland Granobs unterrichtet Latein und Deutsch an einem Berliner Gymnasium und ist Dozent für Fachdidaktik Latein an der Universität Potsdam.
Jürgen Reinsbach ist Fachbereichsleiter für Fremdsprachen an einem Gymnasium, Dozent für Fachdidaktik Latein an der FU Berlin und Referent in der Berliner Schulverwaltung.

www.cornelsen.de

Bibliografische Information:
Die Deutsche Bibliothek verzeichnet diese Publikation in der Deutschen Nationalbibliografie; detaillierte bibliografische Daten sind im Internet über http://dnb.ddb.de abrufbar.

Dieser Band folgt den Regeln der deutschen Rechtschreibung, die seit August 2006 gelten.

5.	4.	3.	2.	1.	Die letzten Ziffern bezeichnen
11	10	09	08	07	Zahl und Jahr der Auflage.

Redaktion: Heike Friauf, Berlin
Gesamtgestaltung: Dagmar & Torsten Lemme, Berlin
Illustrationen: Roland Beier, Berlin
Umschlagentwurf: Bauer + Möhring, Berlin
Druck und Bindearbeiten: Tesinska Tiskarna, Cesky Tesin
Printed in the Czech Republic
ISBN 978-3-589-22288-9

Gedruckt auf säurefreiem Papier,
umweltschonend hergestellt aus chlorfrei gebleichten Faserstoffen.

So hilft dieses Buch beim erfolgreichen Lernen der Vokabeln

Für wen ist dieses Lernwörterbuch geeignet?

Das Buch ist für **Lateinschülerinnen und Lateinschüler der ersten vier Lernjahre** geeignet, unabhängig vom verwendeten Schulbuch. Es kann zu verschiedenen Zeitpunkten eingesetzt werden:

➜ **während der Lehrbuchphase:** zur Wiederholung, Sicherung und Erweiterung des Wortschatzes,

➜ **während der Lektürephase:** zur Sicherung eines Grundwortschatzes der besonders häufig gelesenen Schulautoren (Cäsar, Cicero, Ovid u. a.).

Welche Vokabeln enthält dieses Lernwörterbuch?

Bei den gut 1 000 Vokabeln sind berücksichtigt:

➜ die in **heute verwendeten Schulbüchern** besonders häufig vorkommenden Vokabeln,

➜ Vokabeln, die nach **statistischen Untersuchungen** besonders häufig von **zentralen Schulautoren (Caesar, Cicero, Ovid u. a.)** verwendet werden,

➜ Vokabeln, die eine besondere Bedeutung in der **Kultur- und Geistesgeschichte** Europas haben und somit zur **Allgemeinbildung** gehören.

Wie ist das Lernwörterbuch aufgebaut?

➜ Der **Wortschatz** ist so angeordnet, wie es für das Lernen und Wiederholen am günstigsten ist, das heißt **pro Seite ein Thema** (insgesamt 50 Themen, die Nummern der Themen findest du oben auf den Vokabelseiten). Mehrere Themen ergeben ein größeres Sachgebiet.

➜ Zur Sicherung und „Vernetzung" des Vokabel-Wissens werden in der rechten Spalte **verwandte Wörter (Deutsch, Englisch, Französisch)** angegeben.

➜ Mit den **Tests** nach zwei bis vier Themen kannst du deinen Lernerfolg stichprobenartig überprüfen – wenn du willst, auch mit einer Note.

➜ Ein **ausführliches Inhaltsverzeichnis** ermöglicht das gezielte Auffinden von Sachgebieten und ihren Themen.

➜ Die **Wörterliste** am Ende hilft beim Nachschlagen bestimmter Vokabeln. Zu jeder Vokabel findest du dort die passende Themennummer.

Auf welche Arten kann man mit diesem Lernwörterbuch arbeiten?

1. **Systematisches Wiederholen:** Pro Tag ein Thema, also eine Seite.
2. **Gezieltes Lernen** einzelner Sachgebiete mithilfe des Inhaltsverzeichnisses (→ S. 9 – 11).
3. Benutzung wie ein **Wörterbuch** über die alphabetische Wörterliste am Ende.

Linke Spalte: Die lateinischen Vokabeln

➜ **Substantive:** Wir geben den Nominativ und den Genitiv ausgeschrieben an, das Genus dagegen nur in Abkürzung (m., f., n.).

LERNTIPP
Wichtig: Genitiv und Genus musst du mitlernen! Wenn nicht, kann es bei der Übersetzung eines Textes zu unlösbaren Problemen kommen.
Warum? Ein gutes Beispiel ist das Wort *salus:* Im Nominativ sieht es aus wie ein Maskulinum der o-Deklination (wie etwa *servus*). Das Wort ist aber ein Femininum und gehört zur konsonantischen Deklination, was erst am Genitiv *salutis* deutlich wird. Die Wortformen *salus* und *clarus* (Nominativ Singular maskulinum) können in einem Text also niemals zusammengehören. Die Form *saluti* kann nie (wie es bei Wörtern der o-Deklination der Fall ist) Genitiv Singular oder Nominativ Plural sein, sondern ist immer der Dativ Singular.

➜ **Adjektive:** Bei allen Adjektiven, die nicht auf -us,-a,-um enden, schreiben wir alle drei Nominativformen aus; gehören sie zu einer anderen als der a- und o-Deklination, geben wir in Klammern zusätzlich den Genitiv an.
Warum? Adjektive der gemischten Deklination können im Nominativ eine (wie *sapiens*), zwei (wie *facilis*) oder drei Endungen (wie *acer*) haben. Der Genitiv unterscheidet sich teilweise noch einmal deutlich von den Nominativformen (wie bei *sapiens: sapientis*). Erst der Genitiv gibt aber den Stamm für alle übrigen Formen!

➜ **Verben:** Wir geben bei allen Verben die Stammformen an, auch bei den Verben mit v- und u-Perfekt. Das „schleift" diese Formen ein und verhindert zudem Missverständnisse.

LERNTIPP
Wichtig: Die Stammformen musst du mitlernen!
Warum? Nur wenn du die Stammformen gelernt hast, weißt du zum Beispiel,
- dass zu *capere* auch eine Form wie *cepit* gehört (Perfekt),
- dass die Form *latus* nicht nur ein Adjektiv sein kann („weit, breit"), sondern auch das PPP von *ferre,*
- dass man *capere* später im Schulwörterbuch nur unter *capio* findet (Schulwörterbücher geben immer die 1. Pers. Sing. Ind. Präs. Akt. an).

➜ **Beispiele in *Kursivschrift:*** Besonders bei Vokabeln, die im Lateinischen andere Ergänzungen und Erweiterungen bei sich haben als im Deutschen, steht ein *kursiv gesetztes Beispiel.*

Mittlere Spalte: Deutsche Bedeutungen

Als Übersetzung stehen hier die Grundbedeutungen einer Vokabel.

LERNTIPP
Wichtig: Lerne immer **alle** angegebenen Bedeutungen.
Warum? Eine lateinische Vokabel hat manchmal sehr unterschiedliche deutsche Bedeutungen (wir haben die Bedeutungen dann durch ein Semikolon abgetrennt). So kann zum Beispiel *ducere* „führen", aber auch „halten für" bedeuten, *contendere* „kämpfen", aber auch „eilen", „behaupten" und „sich anstrengen"!

Rechte Spalte: Verwandtschaft und heutiges Fortleben der Wörter

Die Zeichen bedeuten:

→ Verwandtschaft mit Wörtern aus derselben lateinischen Wortfamilie (du findest die verwandten Wörter unter der angegebenen Themennummer)

Achtung: Häufige Fehler, Verwechslungsgefahr

D Abgeleitete deutsche Fremdwörter oder Fachbegriffe

E Englische Vokabeln mit lateinischem Ursprung

F Französische Vokabeln mit lateinischem Ursprung

Erklärungen für Ausdrücke und Redewendungen mit lateinischem Ursprung

Berühmte Zitate aus der Literatur

„Geflügelte" Worte (Sprichwörter)

LERNTIPP
Die rechte Spalte gehört nicht zum Lernpensum im engeren Sinne, sie kann aber sehr nützlich sein. Wenn du beim Lernen die Bedeutung einer lateinischen Vokabel nicht weißt, schaue ruhig erst einmal ganz nach rechts, ob du sie über verwandte Wörter des Lateinischen, Deutschen, Englischen oder Französischen erschließen kannst. Schaue erst dann in die mittlere Spalte.
Warum? Neben dem (angenehmen) „Aha-Effekt" kannst du so an bereits vorhandene Kenntnisse anknüpfen. Das neue Wissen wird damit besser im Gehirn „vernetzt" und verankert.

Die Tests

Die Tests ermöglichen dir eine – wenn auch nur stichprobenartige – Lernerfolgskontrolle. Fülle die Testseiten deshalb erst aus, wenn du die vorangehenden Seiten wirklich sicher zu beherrschen glaubst.
Mit der folgenden Tabelle kannst du, wenn du möchtest, deine Leistung selbst benoten. Die richtigen Antworten sind am Ende jeder Testseite angegeben. Markiere die richtig gelösten Aufgaben (✓) und zähle sie zusammen. Jede richtige Antwort ergibt einen Punkt.

20	19	18	17	16	15	14	13	12	11	10	Erreichbare Punktzahl
19	18	17	16	15	14	13	12	11	10	9	Note 1: sehr gut
15	15	14	13	12	12	11	10	9	9	8	Note 2: gut
12	12	11	11	10	9	9	8	8	7	6	Note 3: befriedigend
9	9	9	8	8	7	7	6	6	5	5	Note 4: ausreichend
2	2	2	2	2	2	2	2	2	2	1	Note 5: mangelhaft
< 2	< 2	< 2	< 2	< 2	< 2	< 2	< 2	< 2	< 2	< 1	Note 6: ungenügend

Beispiel: Ist die erreichbare Punktzahl 15 und hast du 8 Punkte erreicht, bedeutet das die Note ausreichend.

Inhalt

Lerntipps 12

I. Der Mensch

1 **Allgemeine Begriffe** 14
Mensch, Mann, Frau, Jugend, Seele

2 **Der menschliche Körper** 15
Gestalt, Gesicht, Herz, Hand, Schlaf, Hunger

3 **Sinnliche Wahrnehmung** 16
sehen, hören, fühlen, hart, weich, leicht, süß

4 **Leben und Tod** 17
Leben, Gesundheit, Schicksal, Krankheit, sterblich

Test 18

5 **Wille und Wollen** 19
Wunsch, Absicht, gierig, ungern, zwingen

6 **Positive Emotionen** 20
lieben, Freund, Freundin, Freude, lachen, glücklich

7 **Negative Emotionen** 21
fürchten, Angst, Träne, Zorn, Wut, Hass

Test 22

II. Raum und Zeit

8 **Raum und Lage** 23
Ort, Welt, hier, dort, über, unter, bleiben, liegen

9 **Raum und Bewegung** 24
Richtung, Ziel, nach, gegen, wohin

Test 25

10 **Zeit (Jahr und Tag)** 26
Zeit, Alter, ewig, Jahr, Tag, Nacht, Stunde

11 **Zeit (Präpositionen und Adverbien)** 27
einst, dann, inzwischen, später, immer, plötzlich

Test 28

III. Mengen und Zahlen

12 **Quantität** 29
Maß, Anzahl, Menge, voll, nichts, allein

13 **Vergleich und Grad** 30
viel, mehr, weniger, ebenso, genug, nur

14 **Numeralia** 31
1, 30, 2 000, einmal, tausendmal, der erste, der 200.

Test 33

IV. Denken

15 **Denken und Geist** 34
Verstand, Geist, Klugheit, denken, beweisen, hoffen

16 **Lernen, Wissen, Glauben** 35
Wissen, sich irren, kennen, begreifen, vergessen

17 **Vergleichen, Urteilen, Bewerten** 36
urteilen, wahr, falsch, gleich, ähnlich, verschieden, neu

Test 37

V. Sprechen

18 **Sprache** 38
sprechen, Rede, Stimme, berichten, schweigen

19 **Gespräch** 39
grüßen, behaupten, antworten, leugnen

20 **Fragen, Bitten, Befehlen** 40
fragen, ermahnen, anordnen, befehlen, gehorchen

Test 41

21 **„Kleine“ Wörter I** 42
denn, also, dennoch, nicht, mit, ohne, für, außer

22 **„Kleine“ Wörter II** 43
und, auch, oder, dass, weil, wenn, obwohl

23 **Pronomina** 44
ich, du, sich, jener, selbst, jeder, irgendein, jemand

Test 45

VI. Tun und Lassen

24 **Handeln** 46
Tat, Handlung, Gebrauch, teilnehmen, sich kümmern

25 **Aspekte des Handelns** 47
Aufgabe, Dienst, Pflicht, beginnen, wagen, beenden

26 **Geben und Nehmen** 48
geben, zurückgeben, anvertrauen, rauben

Test 49

27 **Arbeit und Anstrengung** 50
Arbeit, Eifer, überwinden, Werk, Mühe, vollenden

28 **Veranlassen und Verhindern** 51
veranlassen, beschließen, es ist nötig, hindern, verbieten

Test 52

VII. Bewegung

29 **Aufbrechen und Verlassen** 53
fortgehen, zurücklassen, schicken, vertreiben

30 **Unterwegs** 54
gehen, rennen, führen, folgen, reisen, segeln

31 **Ankunft** 55
aufsuchen, zurückkehren, kommen, sich versammeln

Test 56

32 **Transport** 57
tragen, ziehen, treiben, sammeln, ablegen

33 **Sein und Haben** 59
Sache, Geld, sein, besitzen, arm, reich, fehlen, verlieren

Test 60

VIII. Umwelt und Familie

34 **Erde, Feuer, Wasser** 61
Natur, Erde, Felsen, Wasser, Himmel, Feuer, Sturm

35 **Landschaft und Tiere** 62
Feld, Hügel, Küste, Wald, Baum, Tier, Pferd, Hund

Test 63

36 **Stadt** 64
Stadt, gründen, Haus, Hafen, Straße, Theater, Laden

37 **Land** 65
Land, Erde, Acker, Getreide, Wein, Herde, Vieh

38 **Verwandtschaft** 66
Familie, Eltern, Ehe, Mutter, Vater, Bruder, Schwester

39 **Häusliches Leben** 67
Haus, Herr, Sklave, dienen, Gast, Mahlzeit, Spiel

Test 68

Inhalt

IX. Staat und Gesellschaft

40 **Öffentliches Leben** 69
Staat, Volk, Sitte, Stand, Pöbel, Patron, Klient

41 **Politische Strukturen** 70
regieren, König, Senat, Konsul, Aufruhr, Macht

42 **Außenpolitik** 71
Herrschaft, Frieden, Feind, Krieg, Bündnis

Test 72

X. Moral und Justiz

43 **Positive Werte** 73
Tüchtigkeit, Ansehen, würdig, Ruhm, berühmt, tapfer

44 **Negative Werte** 74
Übel, schändlich, Betrug, schaden, täuschen, grausam

45 **Verbrechen, Justiz und Strafe** 75
Verbrechen, Schuld, Tat, anklagen, urteilen, Gesetz

Test 76

XI. Militär

46 **Das Heer: Struktur und Organisation** 77
Heer, Befehlshaber, Legion, Soldat, Lager, Waffen

47 **Schlacht und Taktik** 78
Schlacht, Angriff, umzingeln, verteidigen, töten

48 **Sieg und Niederlage** 79
Sieger, erobern, Beute, fallen, Verlust, Flucht, schonen

Test 80

XII. Kultur

49 **Religion** 81
Gott, Göttin, Glaube, fromm, Tempel, heilig, Gebet

50 **Literatur und Wissenschaft** 82
Philosoph, Lehre, erörtern, Dichter, Gedicht, Buch, Brief

Test 83

Alphabetische Liste der lateinischen Wörter 85

Die Symbole in diesem Buch:

→ Verwandtschaft mit Wörtern aus derselben lateinischen Wortfamilie (du findest die verwandten Wörter unter der angegebenen Themennummer)

Achtung: Häufige Fehler, Verwechslungsgefahr

D Abgeleitete deutsche Fremdwörter oder Fachbegriffe

E Englische Vokabeln mit lateinischem Ursprung

F Französische Vokabeln mit lateinischem Ursprung

Erklärungen für Ausdrücke und Redewendungen mit lateinischem Ursprung

Berühmte Zitate aus der Literatur

„Geflügelte“ Worte (Sprichwörter)

Drei Lerntipps zur Wortbildung

Hier findest du gute Hilfen für dein Gedächtnis, damit der Wortschatz sich besser einprägt.

1. Lerntipp: Wortfamilien

Achte vor allem bei Verben auf zusammengesetzte Wörter **(Komposita).** Die Grundbedeutung eines Verbs (verbum simplex) wird dabei durch Vorsilben (Präfixe) verändert. Du kannst die Bedeutung dieser „verba composita“ oft ganz einfach erschließen, wenn du dir die Bedeutung der Vorsilben merkst.

Beispiele:

VERBUM SIMPLEX	+ PRÄFIX	COMPOSITUM	
ire (gehen)	ab	abire	weg-gehen
	ad	adire	heran-treten
	ex	exire	heraus-gehen
	in	inire	hinein-gehen
	re	redire	zurück-gehen

VERBUM SIMPLEX	+ PRÄFIX	COMPOSITUM	
ferre (tragen)	ad	afferre	herbei-bringen
	con	conferre	zusammen-tragen
	re	referre	zurück-tragen

2. Lerntipp: Antonyme (Gegensatzpaare)

Gegensatzpaare lassen sich gut merken. Im Lateinischen entsprechen dabei die Vorsilben ***in***- und ***dis***- bei Adjektiven und Substantiven oft dem deutschen Präfix ***un-***.

dignus	würdig	indignus	unwürdig
mortalis	sterblich	immortalis	unsterblich
similis	ähnlich	dissimilis	unähnlich, verschieden

Manchmal erscheint das Antonym auch leicht verändert:

amicus	befreundet	inimicus	feindlich gesonnen
facilis	leicht	difficilis	schwierig

Auch Adverbien können Gegensätze bilden, vor allem bei Negationen:

numquam	nie	nonnumquam	manchmal („nicht nie“)

3. Lerntipp: Ableitungen

Wenn du die Bedeutung eines Verbs schon kennst, kannst du die Bedeutung von Substantiven, die von diesem Verb abgeleitet sind, erschließen.
Beispiel: *imperare* bedeutet „herrschen, befehlen". Von diesem Verb abgeleitet wird das Substantiv *imperator* (Genitiv *imperatoris*) „der Befehlshaber, General, Heerführer".

Die Nachsilbe (Suffix) ***-tor*** ist häufig mit Verbstämmen verbunden. Diese Substantive richten sich immer nach der konsonantischen Deklination und sind maskulinum. Sie bezeichnen stets denjenigen, der diese Tätigkeit ausübt.
Beispiele:

imperare	befehlen	→	imperator	Befehlshaber
orare	reden	→	orator	Redner
scribere	schreiben	→	scriptor	Schriftsteller

... und noch ein paar Tipps für das Vokabellernen

- Lerne „mäßig, aber regelmäßig": **Eine Seite (= ein Thema) pro Tag** sollte genügen – wenn du dir nicht gerade einen „Crash-Kurs" verordnet hast oder schon sehr viele Vokabeln kennst.
- Gerade wenn viele Vokabeln noch unbekannt sind: **Lerne „blockweise" (etwa fünf bis acht Vokabeln).** Zu viele neue Informationen gleichzeitig kann das Gehirn nicht verarbeiten.
- Aus diesem Grund solltest du auch häufiger **Pausen** machen: Besser viermal 10 Minuten lernen als eine Stunde ununterbrochen! Entspanne dich in den Pausen!
- Es gibt **verschiedene „Lerntypen".** Manche Menschen lernen am besten durch Sehen, andere durch Hören usw. Probiere deshalb auch folgende Techniken einmal aus:
  - Wenn du zum Typ „Sehen" gehörst, setze so oft wie möglich eine Zeichnung neben die Vokabeln (dies muss kein Kunstwerk sein, sondern nur einprägsam);
  - wenn du zum Typ „Hören" gehörst, mache eine Aufnahme und höre sie dir zum Lernen an (z. B. beim Joggen, vor dem Einschlafen).
- Etwas aufwändiger, aber sehr effektiv ist das Lernen mit **Vokabelkärtchen:**
  - Schreibe die Grundform jeder Vokabel (z. B. Infinitiv, Nominativ Singular) auf eine Karteikarte, die Übersetzung und alles Weitere auf die Rückseite.
  - Sortiere beim Wiederholen diejenigen Kärtchen aus, die du sicher beherrschst, und wiederhole sie gelegentlich.
  - Nicht oder nicht sicher gewusste Vokabeln packe noch einmal hinten in den Stapel.

  Karteikärtchen kann man fertig kaufen oder aus Karton oder festem Papier leicht selbst herstellen.

1 Der Mensch: Allgemeine Begriffe

homō, hominis m.	**Mensch**	F homme
humānus,a,um	**menschlich; gebildet**	D Humanität, human E human *Errāre humānum est.* – Irren ist menschlich.
īnfāns, īnfantis m./f.	(kleines) **Kind**	D infantil F enfant *īn-fāns* = „nicht sprechend“
puer, puerī m.	**Junge**	
ā puerīs	*von Kindheit an*	
puella, puellae f.	**Mädchen**	
adulēscēns, adulescentis m.	**junger Mann**	D Adoleszenz
virgō, virginis f.	**Mädchen, junge Frau**	E virgin
iuvenis, iuvenis m./f.	**Jugendliche(r); junger Mann, junge Frau**	*Gaudeāmus igitur, iuvenēs dum sumus!* (Studentenlied) – Lasst uns also fröhlich sein, solange wir jung sind!
iuventūs, iuventūtis f.	**Jugend, junge Leute**	
vir, virī m.	**Mann**	
fēmina, fēminae f.	**Frau**	D Feminismus
senex, senis m./f.	**alter Mann, alte Frau;** als Adjektiv: **alt**	D senil

Lebenserwartung und Altersbezeichnungen

In Rom herrschte eine extrem hohe Säuglingssterblichkeit. Aber auch die Menschen, die das Säuglingsalter überlebten, hatten keine hohe Lebenserwartung. Die nach heutigen Begriffen Jugendlichen stellten etwa ein Drittel der Gesamtbevölkerung, ein Alter von über 60 Jahren erreichten die Wenigsten. Bereits mit 45 Jahren wurden Männer als *senex* bezeichnet – mit 40 allerdings manchmal noch als *adulescentes.* Die Bezeichnungen der Frauen richteten sich eher nach dem Familienstand (→ Thema 38).

īnfāns puer adulēscēns/iuvenis senex

corpus, corporis n.	**Körper, Leiche**	F corps
membrum, membri n.	**(Körper-)Glied; Teil** (eines Ganzen)	E member F membre
sanguis, sanguinis m.	**Blut**	F sang
fōrma, fōrmae f.	**Gestalt, Schönheit**	D formal
faciēs, faciēī f.	**Aussehen, Gesicht**	E face
vultus, vultūs m.	**Gesicht, Miene, Gesichtsausdruck**	
pulcher, pulchra, pulchrum	**schön, hübsch**	
oculus, oculī m.	**Auge**	D Okular
auris, auris f.	**Ohr**	
caput, capitis n. *Rōma caput imperiī Rōmānī est.*	**Kopf; Hauptstadt** *Rom ist die Hauptstadt des Römischen Reiches.*	D Kapitän E capital
frōns, frontis m. *ā fronte*	**Stirn, Vorderseite, Gesicht** *von vorn*	D Front, frontal E/F front
ōs, ōris n.	**Gesicht, Mund**	D oral
cor, cordis n.	**Herz**	F cordial
manus, manūs f. *dext(e)rā (manū)*	**Hand; Handvoll; Schar** *mit der rechten Hand*	D manuell, Manuskript, Manufaktur *Manus manum lāvat.* (Petron) – Eine Hand wäscht die andere.
pēs, pedis m. *pedem referre* *pedibus īre*	**Fuß** *zurückweichen* *zu Fuß gehen*	D Pedal
valēre, valeō, valuī	**gesund sein; Einfluss haben**	*Sī valēs, bene est, egō valeō.* (Briefformel) – Wenn es dir gut geht, ist es gut, mir geht es gut.
dolēre, doleō, doluī *mortem dolēre*	**Schmerz empfinden, bedauern** *über den Tod Schmerz empfinden*	
dolor, dolōris m.	**Schmerz**	F douleur
somnus, somnī m.	**Schlaf**	D Somnambule (Schlafwandler)
dormīre, dormiō, dormīvī	**schlafen**	F dormir
cibus, cibī m.	**Speise, Futter**	
alere, alō, aluī, altum	**ernähren**	
famēs, famis f.	**Hunger**	F faim
bibere, bibō, bibī	**trinken**	

3 Sinnliche Wahrnehmung

sentīre, sentiō, sēnsī, sēnsum	**fühlen, meinen**	D sensibel
sēnsus, sēnsūs m.	**Sinn, Sinneswahrnehmung, Empfindung**	E sense F sens
vidēre, videō, vīdī, vīsum	**sehen;** im Passiv meist: **scheinen**	D Vision F voir *Ille mī (= mihī) par deō esse vidētur.* (Catull) – Einem Gott gleich erscheint jener mir.
spectāre, spectō, spectāvi, spectātum	**betrachten, schauen**	E spectator
exspectāre, exspectō, exspectāvī, exspectātum	**warten, erwarten**	E to expect
spectāculum, spectāculī n.	**Schauspiel**	D Spektakel
cernere, cernō, crēvī, crētum	**deutlich wahrnehmen, erkennen**	
aspicere, aspiciō, aspēxī, aspectum	**erblicken**	
aspectus, aspectūs m.	**Anblick**	D Aspekt
imāgō, imāginis f.	**Bild**	E/F image
tuērī, tueor	**betrachten; schützen, sorgen für**	D Tutor
tūtus,a,um	**sicher, geschützt**	
audīre, audiō, audīvī, audītum	**hören**	D Auditorium, Audienz *Audiātur et altera pars!* (Rechtsgrundsatz) – Auch die andere Seite soll gehört werden!
animadvertere, animadvertō, animadvertī, animadversum	**bemerken, tadeln, bestrafen**	→ 15 animus, 32 vertere
ācer, ācris, ācre (Gen. ācris)	**heftig, scharf; eifrig, erbittert**	D akribisch
dūrus,a,um	**hart**	D Dur (Musik) F dur
asper, aspera, asperum	**hart, rau**	*per aspera ad astra* – durch Raues zu den Gestirnen (dem entspricht etwa: ohne Fleiß kein Preis)
firmus,a,um	**fest; zuverlässig, sicher**	D firm
levis, levis, leve (Gen. levis)	**leicht**	
mollis, mollis, molle (Gen. mollis)	**weich, mild; empfindsam**	D Moll (Musik)
dulcis, dulcis, dulce (Gen. dulcis)	**süß, angenehm**	F doux, douce la dolce vita (ital.) – das süße Leben

vīta, vītae f. *vītam agere* *vītā cēdere*	**Leben** *ein Leben führen, leben* *aus dem Leben scheiden, sterben*	D Vitamin F vie *Nōn scholae, sed vītae discimus.* (nach Seneca) – Nicht für die Schule, für das Leben lernen wir.
anima, animae f.	**Seele**	Nicht mit *animus* verwechseln! D reanimieren
vīvere, vīvō, vīxī	**leben**	F vivre
vīvus,a,um	**lebend, lebendig**	
nāscī, nāscor, nātus sum	**geboren werden**	
salūs, salūtis f.	**Rettung, Wohl, Gesundheit**	
salvus,a,um	**gesund, wohlbehalten, unverletzt**	→ 19 salūtāre
sānus,a,um	**gesund**	*mēns sāna in corpore sānō* (Juvenal) – ein gesunder Geist in einem gesunden Körper
cāsus, cāsūs m.	**Fall, Zufall, Unglück**	D Kasus E case F cas
accidere, accidō, accidī	**sich ereignen, zustoßen**	→ 48 cadere E accident
fortūna, fortūnae f.	**Schicksal, Glück**	D Fortuna (Glücksgöttin) *Fortēs fortūna adiuvat.* (Terenz) – Den Tapferen hilft das Glück.
sors, sortis f.	**Schicksal**	
morbus, morbī m.	**Krankheit**	D morbid
aeger, aegra, aegrum	**krank**	
medicus, medicī m.	**Arzt**	
perīre, pereō, periī, perītum	**zugrunde gehen, sterben**	→ 30 īre
morī, morior, mortuus sum	**sterben**	F mourir *Moritūrī tē salūtant!* (Gruß der Gladiatoren) – Die Todgeweihten grüßen dich!
mors, mortis f.	**Tod**	F mort
mortuus,a,um	**tot**	F mort, morte
mortālis, mortālis, mortāle (Gen. mortālis)	**sterblich;** im Plural auch: **Menschen**	D Mortalität (Sterblichkeitsrate) Salto mortale = Todessprung
immortālis, immortālis, immortāle (Gen. immortālis) *O dī (= deī) immortālēs!*	**unsterblich;** als Subst. im Plural: **Götter** *O ihr unsterblichen Götter!*	

1 Ordne die Begriffe sinnvoll ein: *senex, femina, virgo, puer, adulescens.*

vir				4 ☐	
1 ☐	2 ☐	iuvenis	3 ☐	puella	5 ☐

2 Benenne die Körperteile. Die Anfangsbuchstaben sind vorgegeben.

1 c ________________ ☐
2 f ________________ ☐
3 o ________________ ☐
4 o ________________ ☐
5 a ________________ ☐
6 m ________________ ☐
7 p ________________ ☐

3 Führe auf die entsprechenden lateinischen Verben zurück.

	Infinitiv	Stammformen	
1 F mourir			☐
2 D Vision			☐

Zur Kontrolle:
1 1 puer 2 adulescens 3 senex 4 femina 5 virgo
2 1 caput 2 frons 3 oculus 4 os 5 auris 6 manus 7 pes
3 1 mori, morior, mortuus sum 2 videre, video, vidi, visum

Ergebnis: _____ von 14 Punkten *→ Bewertung siehe Seite 8*

velle, volō, voluī	**wollen**	F vouloir 2. Pers. Sg. *vīs* nicht mit dem Substantiv *vīs* (Kraft) verwechseln! *Ducunt volentem fāta, nōlentem trahunt.* (Seneca) – Den Willigen führt das Schicksal, den Unwilligen reißt es mit.
voluntās, voluntātis f.	**Wille, Wunsch, Absicht**	F volonté
nōlle, nōlō, nōluī	**nicht wollen**	*nōlēns volēns* – nicht wollend (und doch) wollend (also: widerwillig)
mālle, mālō, māluī	**lieber wollen**	→ 13 magis, 5 velle
petere, petō, petīvī, petītum *fugā salūtem petere*	**streben nach; aufsuchen; angreifen; bitten** *sein Heil in der Flucht suchen*	D Petition
repetere, repetō, repetīvī, repetītum	**zurückverlangen; wiederholen**	E to repeat F répéter *Repetītiō est māter studiōrum.* – Wiederholung ist die Mutter aller Wissenschaft.
studēre, studeō, studuī *litterīs studēre* *id studeō, ut …*	**wollen; sich bemühen um** (meist mit Dat.) *die Wissenschaften studieren* *ich bemühe mich darum, dass …*	D studieren, Student E to study
optāre, optō, optāvī, optātum	**wünschen**	D Option
cupere, cupiō, cupīvī, cupītum	**begehren, wollen, wünschen**	
cupiditās, cupiditātis f. *rēgnī cupiditāte*	**Gier, Begierde** *aus Herrschgier*	
cupidus,a,um (mit Gen.) *pecūniae cupidus*	**gierig** *geldgierig*	
cavēre, caveō, cāvī, cautum (mit Akk.) *Cavē canem!*	**sich hüten (vor)** *Hüte dich vor dem Hund!*	D Kaution E cautious Diese berühmte Inschrift fand man bei einem Wohnhaus in Pompeji.
cōgere, cōgō, coēgī, coāctum	**zwingen; sammeln**	
invītus,a,um *mē invītō*	**unwillig, ungern** *gegen meinen Willen*	

amāre, amō, amāvī, amātum	**lieben**	F aimer Ein *Amateur* (Liebhaber, lat. *amātor*) betreibt das, was er liebt, z. B. Sport, als Hobby, nicht als Beruf.
amor, amōris m.	**Liebe** 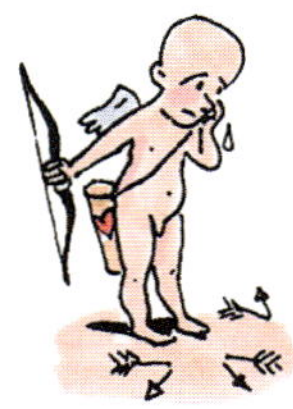	F amour *Omnia vincit amor.* (Vergil) – Alles bezwingt die Liebe.
amīcus, amīcī m.	**Freund**	F ami
amīca, amīcae f.	**Freundin**	F amie
amīcitia, amīcitiae f.	**Freundschaft**	
dīligere, dīligō, dīlēxī, dīlēctum	**lieben, gern haben**	
dēlectāre, dēlectō, dēlectāvī, dēlectātum	**erfreuen, Spaß machen**	*Variātiō dēlectat.* (Cicero u. a.) – Abwechslung erfreut.
iuvāre, iuvō, iūvī, iūtum	**erfreuen; nützen**	
iuvat	**es erfreut, es macht Spaß**	
Iuvat lūdere.	*Spielen macht Spaß.*	
gaudēre, gaudeō, gāvīsus sum	**sich freuen**	*gaudēre* ist ein Semi-deponens!
victōriā gaudēre	*sich über den Sieg freuen*	
gaudium, gaudiī n.	**Freude, Vergnügen**	D (bayerisch) Gaudi
rīdēre, rīdeō, rīsī, rīsum	**lachen**	F rire
laetus,a,um	**fröhlich, heiter**	
beātus,a,um	**glücklich**	
iucundus,a,um	**angenehm, erfreulich**	
fēlīx, fēlīx, fēlīx (Gen. fēlīcis)	**glücklich**	
Rēs fēlīciter ēvenit.	*Die Sache geht glücklich aus.*	
fēlīcitās, fēlīcitātis f.	**Glück, Glückseligkeit**	
contentus,a,um (mit Abl.)	**zufrieden**	
parvō contentus	*mit wenig zufrieden*	
mīrus,a,um	**wunderbar, sonderbar; bewundernswert**	E miracle
mīrārī, mīror, mīrātus sum	**sich wundern, bewundern**	
libenter	**gern**	*Plēnus venter nōn studet libenter.* – Ein voller Bauch studiert nicht gern.
fruī, fruor, fructus sum (mit Abl.)	**genießen**	
ōtiō fruī	*die freie Zeit genießen*	
celebrāre, celebrō, celebrāvī, celebrātum	**feiern, preisen**	D zelebrieren E to celebrate F célébrer

timēre, timeō, timuī *timēre, nē …*	**fürchten** *fürchten, dass …*	*Timeō Danaōs et dōna ferentēs.* (Vergil) – Ich fürchte die Griechen, auch wenn sie Geschenke bringen.
timor, timōris m. **timidus,a,um**	**Furcht** **ängstlich**	E timid F timide
metus, metūs m. **metuere, metuō, metuī** **verērī, vereor, veritus sum**	**Furcht** **fürchten** **fürchten, sich scheuen, verehren**	 D Reverenz
terror, terrōris m. **terrēre, terreō, terruī** **patī, patior, passus sum** *iniūriam patī* **miser, misera, miserum** *Heu mē miserum!* **maestus,a,um** **trīstis, trīstis, trīste** (Gen. trīstis) **flēre, fleō, flēvī, flētum** **lacrima, lacrimae** f. **inimīcus,a,um**	**Schrecken, Angst** **erschrecken** **leiden; zulassen** *Unrecht erdulden* **elend, unglücklich, armselig** *Ach, ich Unglücklicher!* **traurig** **traurig; unfreundlich** **weinen** **Träne** **feindlich,** als Substantiv: **Feind**	D Terrorismus D Patient E/F passion D miserabel D trist → 6 amīcus E enemy F ennemi
contemnere, contemnō, contempsī, contemptum	**verachten, gering schätzen**	E to contempt
invidia, invidiae f.	**Neid; Abneigung**	E envy F envie
saevus,a,um **īra, īrae** f. *īrā mōtus*	**wild, wütend** **Zorn** *aus Zorn*	Der *diēs īrae* („Tag des Zorns“) ist nach christlichem Glauben der Tag des Jüngsten Gerichts.
furor, furōris m. **ferōx, ferōx, ferōx** (Gen. ferōcis)	**Wahnsinn, Wut** **wild**	D furios
ōdisse, ōdī	**hassen**	*Odi et amo.* (Catull) – Ich hasse und liebe.
odium, odiī n. *odiō esse*	**Hass** *verhasst sein*	

1 *Ordne die folgenden Begriffe den einzelnen Bildern zu.*
mirari, timere, ridere, flere, maestus, furor, laetus, terror

1

2

3

4

5

6

7

8

2 *Nenne drei verschiedene lateinische Vokabeln für „fürchten".*

1 ☐ 2 ☐ 3 ☐

3 *Bilde Gegensatzpaare (nur lateinisch). Es bleiben Wörter übrig!*
cavere, mirari, libenter, odium, velle, ira, inimicus, laetus, gaudere, beatus

1	amicus	⇔		☐
2	contemnere	⇔		☐
3	dolere	⇔		☐
4	invitus	⇔		☐
5	amor	⇔		☐
6	nolle	⇔		☐

Zur Kontrolle:
1 1 laetus 2 furor 3 timere 4 terror 5 maestus 6 flere 7 mirari 8 ridere
2 1 timere 2 vereri 3 metuere
3 1 inimicus 2 mirari 3 gaudere 4 libenter 5 odium 6 velle

Ergebnis: _____ von 17 Punkten *→ Bewertung siehe Seite 8*

Raum und Lage 8

locus, locī m.	**Ort, Platz; Rang;** im Plural meist: **loca, locorum** n.: **Gegend**	D Lokal E local
mundus, mundī m.	**Welt**	F monde
orbis, orbis m.	**Kreis**	*Orbit:* Erdumlaufbahn
orbis terrārum	*Erdkreis, Welt*	*urbī et orbī* (Segen des Papstes) – der Stadt Rom und dem Erdkreis
spatium, spatiī n.	**Zwischenraum, Strecke; Zeitraum**	E space
māgnō spatiō abesse	*weit entfernt sein*	
sedēre, sedeō, sēdī	**sitzen**	
sēdēs, sēdis f.	**Sitz, Wohnsitz**	
stāre, stō, stetī	**stehen**	D Status
manēre, maneō, mānsī, mānsum	**bleiben, warten** (auf)	
iacēre, iaceō, iacuī	**liegen, daliegen**	Nicht mit *iacere* (werfen) verwechseln!
superus,a,um	**der obere, oben** (befindlich)	
summus,a,um	**der höchste**	*Summe:* Die Römer schrieben das Additionsergebnis an die oberste Stelle.
procul	**weit entfernt, in/aus der Ferne**	
ubī	**wo?** (interrogativ), **wo** (relativ)	
ubīque	**überall**	*Nusquam est, quī ubīque est.* (Seneca) – Nirgendwo ist, wer überall ist.
medius,a,um	**der mittlere**	D Medien
ultimus,a,um	**der letzte, äußerste**	D Ultimatum
hīc	**hier**	
ibī	**dort**	
prope	**in der Nähe, nahe**	
proximus,a,um	**der, die, das nächste**	
apud (beim Akk.)	**bei; in der Nähe** (von)	
in (beim Abl.)	**in, auf** (Ortsangabe)	
ante (beim Akk.)	**vor**	
inter (beim Akk.)	**zwischen, unter**	D international
post (beim Akk.)	**nach**	
sub (beim Abl.)	**unter**	D Subkultur
sub armīs esse	*unter Waffen stehen*	E submarine
circum/circā (beim Akk.)	**um … herum, ringsum**	D circa (= ca.)
intrā (beim Akk.)	**innerhalb** (von)	
extrā (beim Akk.)	**außerhalb** (von)	D extra
super (beim Abl.)	**über** (Ortsangabe)	

ā, ab (beim Abl.)	**von, seit**	
ad (beim Akk.)	**zu, zu … hin, bei, an**	F à
ad hominum mīlia decem	*etwa 10 000 Menschen*	*Hannibal ad portas!* (Cicero) – Hannibal vor den Toren (Roms)!
dē (beim Abl.)	**von, über; von … herab**	F de
dē tēctō cadere	*vom Dach fallen*	
dē itinere narrāre	*von der Reise erzählen*	
in (beim Akk.)	**nach, in, gegen**	
in Italiam iter facere	*nach Italien reisen/ziehen*	
per (beim Akk.)	**durch** (... hindurch), **über** (... hin); **überall in/auf**	F par
ē, ex (beim Abl.)	**aus, von … an**	
sub (beim Akk.)	**unter** (hindurch)	
circum/circā (beim Akk.)	**um … herum, ringsum**	
trāns (beim Akk.)	**über** (hinüber), **jenseits**	
contrā (beim Akk.)	**gegen**	D Pro und Kontra
super (beim Akk.)	**über** (hinüber)	
adversus (beim Akk.)	**gegen**	
quō	**wohin** (relativ), **wohin?** (interrogativ)	
Quō vādis?	*Wohin gehst du?*	
eō	**dorthin, so weit**	Nicht mit *eō* (ich gehe) verwechseln!
unde	**woher** (interrogativ und relativ)	
hinc	**von hier**	
hūc	**hierher, hierhin**	
undique	**von allen Seiten**	
pars, partis f.	**Teil; Richtung, Seite;** im Plural auch: **Partei**	D partiell F partie
in omnēs partēs	*in alle Richtungen*	
regiō, regiōnis f.	**Richtung, Gegend**	D regional F région
fīnis, fīnis m.	**Grenze, Ziel, Ende;** im Plural auch: **Gebiet**	D Finale E finish F fin
fīnem facere	*ein Ende machen*	
fīnibus suīs exīre	*aus seinem Land auswandern*	
altus,a,um	**hoch, tief**	
lātus,a,um	**breit, weit**	
longus,a,um	**lang**	E long F long, longue
longē lātēque	*weit und breit*	
amplus,a,um	**groß, weiträumig, angesehen**	
vir amplissimus	*ein hoch angesehener Mann*	

1 *Ergänze folgende berühmte Wendungen und Zitate.*

1. *„Nirgendwo ist, wer überall ist."* (Seneca)

   NUSQUAM EST, QUI ________________ EST.

2. Nur wer sich anstrengt, kommt zum Erfolg:

   „Durch Raues zu den Gestirnen!" (Sprichwort)

   _________ ASPERA _________ ASTRA!

3. Der Politiker und Philosoph Cicero:

   „Wo (es) gut (ist), da (ist) die Heimat!"

   _________ BENE, _________ PATRIA!

2 *Ordne die Vokabeln den Abbildungen zu (→ = Bewegung, ● = Position).*
super (beim Akk.), summus, de, in (beim Abl.), ex, per, sub (beim Abl.), undique, circum, in (beim Akk.)

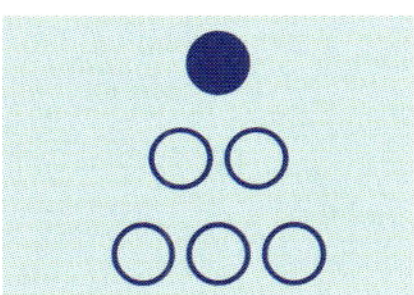
1

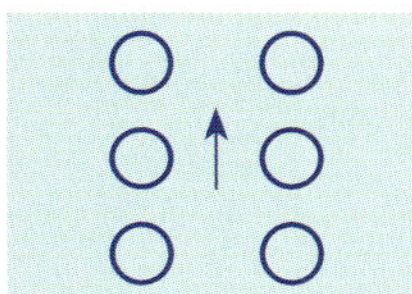
2

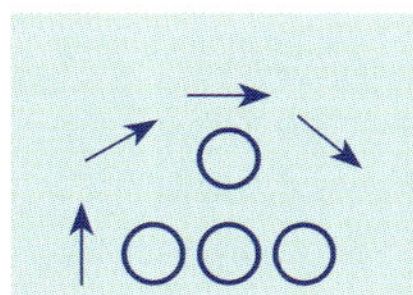
3

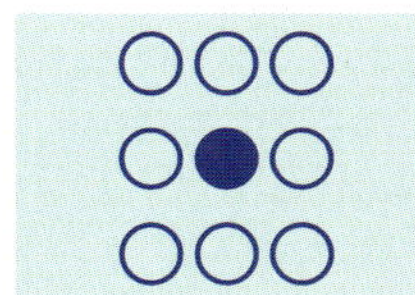
4

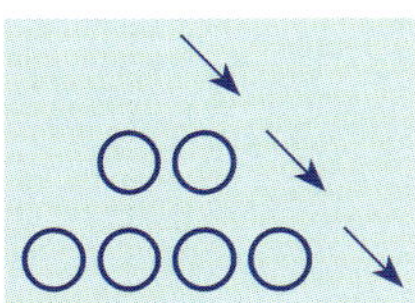
5

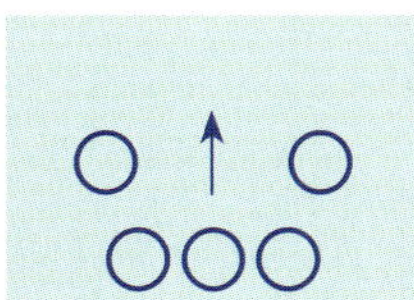
6

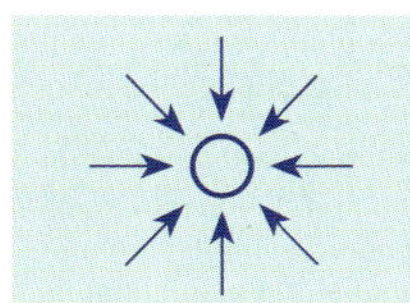
7

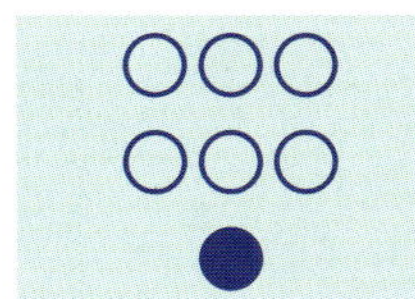
8

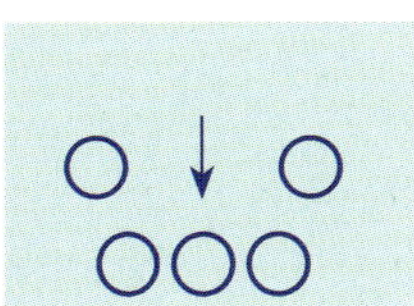
9

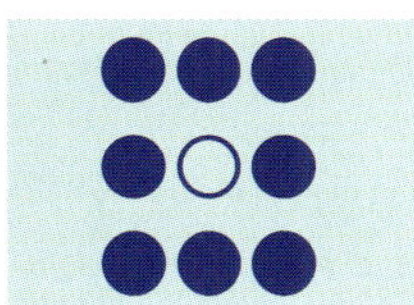
10

Zur Kontrolle:
1 1 ubique 2 per, ad 3 ubi, ibi
2 1 summus 2 per 3 super (beim Akk.) 4 in (beim Abl.) 5 de 6 ex 7 undique 8 sub (beim Abl.) 9 in (beim Akk.) 10 circum

Ergebnis: _____ von 15 Punkten → *Bewertung siehe Seite 8*

tempus, temporis n. *ad tempus* *(in) tempore*	**Zeit** *rechtzeitig* *rechtzeitig*	D temporär, temporal F temps ✎ *cum tempore* (c.t.) – „Akademisches Viertel" an der Universität: Veranstaltungen beginnen eine Viertelstunde später als angegeben.
aetas, aetātis f.	**(Lebens-)Alter, Zeitalter**	
aeternus,a,um	**ewig**	E eternal F éternel
annus, annī m.	**Jahr**	D Annalen F an
saeculum, saeculī n.	**Zeitalter, Jahrhundert**	
antīquus,a,um	**alt**	D Antike, Antiquität
diēs, diēī m./f. *diē cōnstitūtā*	**Tag;** als Femininum: **Termin** *am festgesetzten Termin*	E day *Carpe diem!* (Horaz) – Genieße („pflücke") den Tag!
nox, noctis f.	**Nacht**	F nuit
initium, initiī n.	**Anfang, Beginn**	D Initiative
posterus,a,um *posterō diē*	**folgend** *am nächsten Tag*	
vetus, vetus, vetus (Gen. veteris)	**alt**	D Veteran
hōra, hōrae f.	**Stunde**	*mors certa, hōra incerta* – Der Tod ist gewiss, die Stunde ungewiss.
brevis, brevis, breve (Gen. brevis)	**kurz**	D Brief (aus lat. *breve scriptum*) E abbreviation
longus,a,um	**lang**	E long F long, longue

Römische Zeitrechnung

Der Tag: Flexible Stundenlänge

Die Römer kannten zwar die Einteilung in 24 Stunden, doch war diese – gerade auf dem Land – viel weniger wichtig als heute. Die *prīma hōra* begann mit dem Sonnenaufgang, die *septima hōra* am Mittag. Somit schwankte die Länge der Tagesstunden zwischen etwa 75 Minuten (Sommer) und 45 Minuten (Winter) – eigentlich ganz natürlich! Beim Militär wurde die Nacht in vier *vigiliae* (Nachtwachen) eingeteilt. Die dritte *vigilia* begann immer um Mitternacht.

Der Kalender: Viel Rechnerei

Dass der alte römische Kalender zunächst nicht zwölf, sondern nur zehn Monate hatte, sieht man teilweise noch an unseren Monatsnamen (z. B. Dezember, → Thema 14).
Als feste Tage im Monat gab es:
- die Kalenden (Kalendae = 1. Tag)
- die Nonen (Nōnae = 5. oder 7. Tag)
- die Iden (Idūs = 13. oder 15. Tag)

Zur Bezeichnung der übrigen Tage zählte man von einem dieser festen Tage aus rückwärts.

aliquandō	**einst,** (irgendwann) **einmal**	
ā, ab (beim Abl.)	**von, seit**	
ante (beim Akk.)	**vor**	*Nēmō ante mortem beatus est.* (nach Ovid) – Niemand ist vor seinem Tod glücklich (zu nennen).
post (beim Akk.)	**nach; hinter**	D Postmoderne
anteā	**vorher**	
deinde	**dann, darauf; von da an**	
dēnique	**schließlich, endlich**	
diū	**lange**	
interdum	**manchmal**	
ūsque ad (beim Akk.)	**bis zu**	
ūsque ad nōs	*bis in unsere Zeit*	
inde	**von dort, seitdem; daher**	
interim	**inzwischen**	→ 8 inter
modō	**eben erst, gerade; nur**	
nōndum	**noch nicht**	
adhūc	**bis jetzt, immer noch**	→ 9 hūc
numquam	**niemals**	
nunc	**jetzt, nun**	
posteā	**später, nachher**	→ 8 post
quandō?	**wann?**	
postrēmō	**endlich, schließlich**	
prīmō, prīmum	**zuerst**	→ 14 prīmus
prior, prior, prius (Gen. priōris)	**früher**	D Priorität
rūrsus	**wieder, erneut**	
iterum	**wiederum, erneut**	
iterum atque iterum	*immer wieder*	
saepe	**oft**	
semper	**immer**	
statim	**sofort**	
simul	**zugleich**	D simultan
subitō	**plötzlich**	
tandem	**schließlich, endlich**	
tum	**dann; damals**	
ubī	**wo; sobald** (auch: ubī prīmum)	F où
umquam	**jemals**	
hodiē	**heute**	
iam	**schon, bereits**	
nōn iam	*nicht mehr*	

1 *Rätsel rund um die Zeit*

Waagerecht: ① wieder ② jemals ③ schon ④ zuerst ⑤ früher ⑥ Stunde

Senkrecht: ❶ wo ❷ immer ❸ plötzlich ❹ seit ❺ gerade ❻ Zeitalter

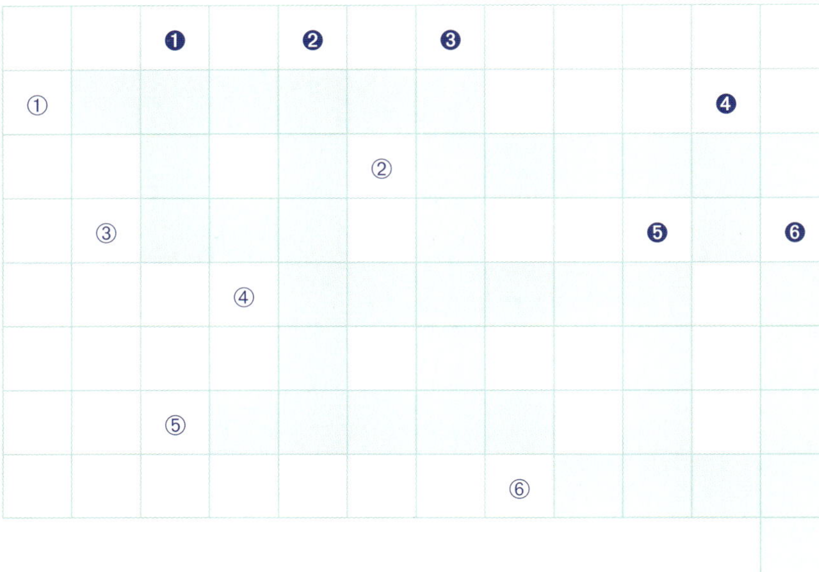

2 *„Sag mir: Quando?" Welche Antworten sind sinnvoll? Kreuze an.*

- ☐ diu
- ☐ numquam
- ☐ tandem
- ☐ postremo
- ☐ inde
- ☐ semper
- ☐ primo
- ☐ brevis
- ☐ adhuc
- ☐ nunc
- ☐ denique
- ☐ dies

Zur Kontrolle:

1 Waagerecht: 1 rursus 2 umquam 3 iam 4 primum 5 prior 6 hora
Senkrecht: 1 ubi 2 semper 3 subito 4 ab 5 modo 6 aetas

2 numquam, nunc, semper

Ergebnis: _____ von 15 Punkten *→ Bewertung siehe Seite 8*

modus, modī m.	**Art, Weise; Maß**	D Mode
cōpia, cōpiae f.	**Menge, Vorrat;** im Plural auch: **Truppen**	D kopieren, Kopie
inopia, inopiae f.	**Mangel**	→ cōpia
pars, partis f.	**Teil; Richtung;** im Plural auch: **Partei (Politik)**	D partiell E part F partie
numerus, numerī m.	**Anzahl, Zahl**	D Nummer E number ✎ Ein *Numerus clausus* bezeichnet die Zulassung einer beschränkten Anzahl.
turba, turbae f.	**(Menschen-)Menge, Schar**	
multus,a,um	**viel;** im Plural: **viele**	D Multiplikation, Multivitamin…, Multimillionär usw.
multitūdō, multitūdinis f.	**Menge**	
omnis, omnis, omne (Gen. omnis)	**ganz, gesamt, jeder;** im Plural: **alle**	D Omnibus („für alle“)
cunctus,a,um	**ganz;** im Plural: alle	
tōtus,a,um	**ganz**	Gen. *tōtīus,* Dat. *tōtī* D total F tout, toute
ingēns, ingēns, ingēns (Gen. ingentis)	**ungeheuer, gewaltig**	
parvus,a,um	**klein**	
paucī,ae,a	**wenige**	
cēterī,ae,a	**die Übrigen**	✎ D etc. = *et cētera:* und das Übrige (Neutrum Plural)
relīquus,a,um	**übrig, restlich**	→ 29 relinquere D Relikt
plēnus,a,um (mit Gen.)	**voll**	E plenty F plein
lūna plēna	*Vollmond*	
plēnus timōris	*voll Furcht*	
nihil (oft: nīl)	**nichts** 	✎ *Nihilismus:* philosophische Lehre von der völligen Verneinung aller Werte und Normen
nihil nisī	*nichts außer, nur*	*De mortuīs nihil nisī bene!* – Über die Toten nur Gutes!
nūllus,a,um	**kein, keiner**	Gen. *nūllīus,* Dat. *nūllī* D Null
nōnnūllī,ae,a	**einige, manche**	→ nōn, nūllus
sōlus,a,um	**allein**	Gen. *sōlīus,* Dat. *sōlī* D Solo F seul, seule
singulī,ae,a	**einzeln**	D Singular, singulär E single
in singulōs annōs	*von Jahr zu Jahr, alljährlich*	

māgnus,a,um	**groß**	
multum (Adverb)	**oft, viel**	→ 12 multus
magis	**mehr**	
potius	**vielmehr, eher**	
maximus,a,um	**der größte/Größte, sehr groß, wichtig**	D maximal, Maximum
maximē	**am meisten, sehr, äußerst**	
plūs	**mehr**	*Plus-quam-perfekt* = mehr als Perfekt (Vorvergangenheit)
minus	**weniger**	
augēre, augeō, auxī, auctum	**vermehren, vergrößern**	D Auktion
minuere, minuō, minuī, minūtum	**vermindern, verringern**	
dīvidere, dīvidō, dīvīsī, dīvīsum	**teilen, verteilen**	D Division
tam	**so**	
quam	**wie; als** (beim Vergleich)	
tantus,a,um	**so groß**	
quantus,a,um	**wie groß, wie viel**	D Quantum, Quantität
tot (undeklinierbar)	**so viele**	*quot hominēs, tot sententiae* (Terenz) – wie viele Menschen, so viele Meinungen
quot (undeklinierbar)	**wie viele**	D Quote
tālis, tālis, tāle (Gen. tālis)	**so beschaffen**	
quālis, quālis, quāle (Gen. quālis)	**wie beschaffen**	D Qualität
sīc	**so**	F si
ita	**so**	
item	**ebenso, gleichfalls**	
aliter	**anders, sonst**	→ 23 alius
ferē	**fast, ungefähr**	
vix	**kaum, mit Mühe**	
quotiēns	**wie oft**	D Quotient
frequēns, frequēns, frequēns (Gen. frequentis)	**zahlreich, häufig**	D Frequenz
satis	**genug**	D Satisfaktion (Genugtuung)
imprīmīs	**besonders, vor allem**	
paene	**beinahe, fast**	
nimis	**allzu sehr**	
nimius,a,um	**zu groß, zu viel, übermäßig**	
parum	**(zu) wenig**	
tantum	**nur**	
quō … eō	**je (mehr) … desto**	

arabische Ziffern	römische Ziffern	Kardinalzahlen (Wie viele?)	
1	I	ūnus, ūna, ūnum (ein, eine, ein)	
2	II	duo, duae, duo	
3	III	trēs	
4	IV	quattuor	
5	V	quīnque	
6	VI	sex	
7	VII	septem	✎ Einige unserer Monate tragen noch die Namen des alten römischen Kalenders: September, Oktober, November, Dezember. Das Jahr begann ursprünglich mit dem März *(Martius)*.
8	VIII	octō	
9	IX	novem	
10	X	decem	
11	XI	ūndecim	
12	XII	duodecim	
13	XIII	trēdecim	
14	XIV	quattuordecim	
15	XV	quīndecim	
16	XVI	sēdecim	
17	XVII	septendecim	
18	XVIII	duodēvīgintī	Achtung: Unregelmäßige Bildung!
19	XIX	ūndēvīgintī	
20	XX	vīgintī	
21	XXI	vīgintī ūnus	
30	XXX	trīgintā	
40	XL	quadrāgintā	
50	L	quīnquāgintā	
60	LX	sexāgintā	
70	LXX	septuāgintā	
80	LXXX	octōgintā	
90	XC	nonāgintā	
100	C	centum	✎ Ein *Cent* ist der hundertste Teil einer Währungseinheit.
200	CC	ducentī,ae,a	
1000	M	mīlle	
2000	MM	duo mīlia	

Häufige Zahladverbien:

semel	einmal	
bis	zweimal	
ter	dreimal	→ trēs
quater	viermal	→ quattuor
centiēs	hundertmal	→ centum
mīlliē(n)s; auch: mīliē(n)s	tausendmal	→ mīlle

arabische Ziffern	römische Ziffern	Ordinalzahlen (Der Wievielte?)
1	I	prīmus, prīma, prīmum (der, die, das Erste/ der, die, das erste)
2	II	secundus
3	III	tertius
4	IV	quārtus
5	V	quīntus
6	VI	sextus
7	VII	septimus
8	VIII	octāvus
9	IX	nōnus
10	X	decimus
11	XI	ūndecimus
12	XII	duodecimus
13	XIII	tertius decimus
14	XIV	quārtus decimus
15	XV	quīntus decimus
16	XVI	sextus decimus
17	XVII	septimus decimus
18	XVIII	duodēvīcēsimus
19	XIX	ūndēvīcēsimus
20	XX	vīcēsimus
21	XXI	vīcēsimus prīmus
30	XXX	trīcēsimus
40	XL	quadrāgēsimus
50	L	quīnquāgēsimus
60	LX	sexāgēsimus
70	LXX	septuāgēsimus
80	LXXX	octōgēsimus
90	XC	nōnāgēsimus
100	C	centēsimus
200	CC	ducentēsimus
1000	M	mīllēsimus
2000	MM	bis mīllēsimus

secundus,a,um bedeutet auch „günstig“

Die Römer kannten nur wenige Vornamen; oft nannten sie ihre Kinder einfach Secundus, Quintus, Decimus oder Tertia.

Musik: Intervalle sind nach den römischen Ordinalzahlen benannt (z. B. Terz, Quinte, Oktave).

Achtung: Unregelmäßige Bildung!

1 Trage die passenden Mengenbezeichnungen unter den Abbildungen ein. Es bleiben Wörter übrig!

cuncti, pauci, quinque, nonnulli, multi, unus, undecim, nullus, sexaginta, ceteri

1 ☐

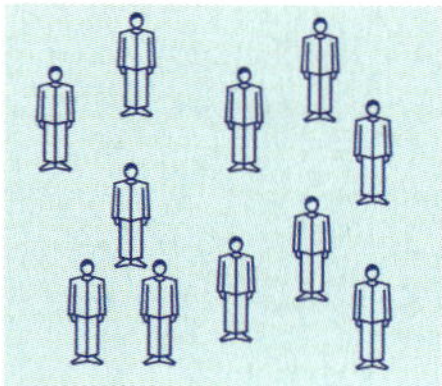

2 ☐

3 ☐

4 ☐

2 Führe die deutschen Begriffe auf ihren lateinischen Ursprung zurück.

	lateinische Vokabel	deutsche Bedeutung	
1 Kopie			☐
2 Quote			☐
3 Division			☐

3 Rechenaufgaben: Fülle die Lücken aus (in den Aufgaben 1 und 2 mit der römischen Zahl, in den Aufgaben 3 bis 6 mit dem ausgeschriebenen Zahlwort).

1 III + VI = ☐

2 XII – = IV ☐

3 quattuor + quinque = ☐

4 bis decem = ☐

5 : tres = quattuor ☐

6 ter = quindecim ☐

Zur Kontrolle:

1 1 unus 2 undecim 3 nullus 4 multi

2 1 copia – Menge, Vorrat 2 quot – wie viele 3 dividere – teilen

3 1 IX 2 VIII 3 novem 4 duodecim 5 viginti 6 quinque

Ergebnis: _____ von 13 Punkten *→ Bewertung siehe Seite 8*

mēns, mentis f.	**Verstand, Geist, Gedanke**	D mental
animus, animī m.	**Geist, Sinn; Verstand; Mut, Herz**	Nicht mit *anima* verwechseln!
ingenium, ingeniī n.	**Begabung, Geist**	
ratiō, ratiōnis f.	**Vernunft, Art und Weise, Rechnung, Überlegung**	D rational
sapiēns, sapiēns, sapiēns (Gen. sapientis)	**weise, klug** (oft auch als Substantiv: der Weise)	*sapientī sat* (Plautus) – Für den Weisen ist es genug (verständlich).
sapientia, sapientiae f.	**Weisheit, Wissen**	
prūdentia, prūdentiae f.	**Klugheit**	F prudence
prūdens, prūdens, prūdens (Gen. prūdentis)	**klug**	
cōnsilium, cōnsiliī n.	**Rat, Beratung, Beschluss, Plan**	
cēnsēre, cēnseō, cēnsuī, cēnsum	**meinen, beschließen**	*Cēterum cēnseō Carthāginem esse dēlendam.* (Cato) – Im Übrigen bin ich der Meinung, dass Karthago zerstört werden muss.
cōnstituere, cōnstituō, cōnstituī, cōnstitūtum	**beschließen, festsetzen**	D konstitutiv
cōgitāre, cōgitō, cōgitāvī, cōgitātum	**denken, beabsichtigen**	*Cōgitō, ergō sum.* (Descartes) – Ich denke, also bin ich.
dēmōnstrāre, dēmōnstrō, dēmōnstrāvī, dēmōnstrātum	**zeigen, beweisen**	D demonstrieren *quod erat dēmōnstrandum* – was zu beweisen war
vidērī, videor, vīsus sum	**scheinen, gelten** (als)	Im Passiv hat *vidēre* meist die Bedeutung „scheinen". → 3 vidēre
prōvidēre, prōvideō, prōvīdī, prōvīsum *salūtī prōvidēre*	mit Dat.: **sorgen für;** mit Akk.: **vorhersehen** *sich um die Rettung kümmern*	
neglegere, neglegō, neglēxī, neglectum	**vernachlässigen, nicht beachten**	E to neglect F négliger
invenīre, inveniō, invēnī, inventum	**finden, erfinden**	E/F invention
spērāre, spērō, spērāvī, spērātum *victōriam spērāre*	**hoffen, erwarten** *auf den Sieg hoffen*	F espérer
spēs, speī f. *Miserīs nūlla spēs erat.*	**Hoffnung** *Die Unglücklichen hatten keine Hoffnung.*	
dubitāre, dubitō, dubitāvī, dubitātum	**zweifeln, zögern**	

scientia, scientiae f.	**Wissen, Kenntnis**	E science
scīre, sciō, sciī (scīvī), **scītum**	**wissen**	
nescīre, nesciō, nesciī (nescīvī), **nescītum**	**nicht wissen, nicht verstehen**	
īgnōrāre, īgnōrō, īgnōrāvī, īgnōrātum	**nicht wissen, nicht kennen**	D ignorant
nōn īgnōrāre	*genau wissen*	
errāre, errō, errāvī, errātum	**irren, sich irren**	E error
nōscere, nōscō, nōvī, nōtum	**kennen lernen**; im Perfekt: **wissen, kennen**	
cognōscere, cognōscō, cognōvī, cognitum	**erkennen, bemerken; kennen lernen**	D incognito ✎ *terra incognita* – unbekanntes Land, Gebiet (auch im übertragenen Sinn)
experīrī, experior, expertus sum	**erfahren, erproben**	D Experte, Experiment
intellegere, intellegō, intellēxī, intellēctum	**verstehen, erkennen**	D intelligent, intellektuell
meminisse, meminī (mit Gen.)	**sich erinnern an, denken an**	
iniūriae meminisse	*sich an das Unrecht erinnern*	
memoria, memoriae f.	**Erinnerung, Gedächtnis**	E memory
memoriā tenēre	*im Gedächtnis haben, sich erinnern*	F mémoire
oblīvīscī, oblīvīscor, oblītus sum (mit Gen.)	**vergessen**	
putāre, putō, putāvī, putātum	**glauben**; mit doppeltem Akk.: **halten für**	
crēdere, crēdō, crēdidī, creditum	**glauben,** (an-)**vertrauen**	D Kredit
arbitrārī, arbitror, arbitrātus sum	**glauben; halten für**	
discere, discō, didicī	**lernen**	
docēre, doceō, docuī, doctum	**lehren**	D Dozent, Doktor *Docendō discimus.* (nach Seneca) – Durch Lehren lernen wir.
doctus,a,um	**gelehrt, gebildet**	
magister, magistrī m.	**Lehrer**	
expōnere, expōnō, exposuī, expositum	**darlegen, erklären; zur Schau stellen**	D Exponat E/F exposition
appārēre, appāreō, appāruī	**erscheinen, offenkundig sein**	E to appear
occultus,a,um	**verborgen, geheim**	D okkult, Okkultismus

exīstimāre, exīstimō, exīstimāvī, exīstimātum	**meinen, schätzen, urteilen**	
dēligere, deligō, dēlēgī, dēlēctum	**wählen, auswählen**	
cōnsentīre, cōnsentiō, cōnsēnsī, cōnsēnsum	**übereinstimmen**	D Konsens F consentir
praestāre, praestō, praestitī	**voranstehen, übertreffen; leisten, zeigen,**	→ 8 stāre
virtūte omnibus praestāre	*alle an Tapferkeit übertreffen*	
sē fortem praestāre	*sich als tapfer erweisen*	
praestat … (quam)	*es ist besser … (als)*	
vērus,a,um	**wahr, echt**	
certus,a,um	**sicher**	E certain
incertus,a,um	**unsicher, ungewiss**	
dubius,a,um	**zweifelhaft, ungewiss**	→ 15 dubitāre D dubios
falsus,a,um	**falsch, treulos**	E false
pār, pār, pār (Gen. pāris)	**gleich**	D Parität
aequus,a,um	**gleich; gerecht**	D äquivalent
inīquus,a,m	**ungleich, ungerecht**	
dīversus,a,um	**entgegengesetzt, verschieden**	D divers
varius,a,um	**verschieden**	D variabel, Variante *varium et mūtābile semper fēmina* (Vergil) – Ein wechselhaftes Wesen ist die Frau.
similis, similis, simile (Gen. similis)	**ähnlich**	E similar
dissimilis, dissimilis, dissimile (Gen. dissimilis)	**unähnlich**	
aliēnus,a,um	**fremd, fremdartig**	E alien
proprius,a,um	**eigen(tümlich), typisch**	E property
novus,a,um	**neu**	D Novum E new F neuf, neuve
rēs novae	*Umsturz (Politik)*	
homō novus	*„Neuer Mensch", Emporkömmling, Neuling (Politik)*	Cicero galt als *homō novus,* da keiner seiner Vorfahren hohe Ämter bekleidet hatte.
īgnōtus,a,um	**unbekannt**	→ 16 īgnōrāre
ut	**wie**	
sīcut	(so) **wie**	→ 13 sīc, ut
optimus,a,um	**bester, beste, bestes**	Unregelmäßiger Superlativ zu *bonus*!
causa, causae f.	**Grund, Ursache; Prozess**	D kausal E cause F la cause
quā dē causā *auch: eā dē causā*	*aus diesem Grund, deshalb*	

1 *Bilde Gegensatzpaare (nur lateinisch). Die Anfangsbuchstaben sind vorgegeben.*

1 verus ⇔ f ______ ☐
2 similis ⇔ d ______ ☐
3 meminisse ⇔ o ______ ☐
4 aequus ⇔ i ______ ☐
5 ignorare ⇔ s ______ ☐
6 dubius ⇔ c ______ ☐

2 *Ergänze die fehlenden Formen (Infinitiv, Stammformen, deutsche Bedeutung).*

errare	1 ☐	erravi	erratum	irren, sich irren
decernere	decerno	2 ☐	3 ☐	entscheiden, beschließen
4 ☐	experior	5 ☐		6 ☐

3 *Führe die englischen Vokabeln auf lateinische Substantive zurück.*

	Nominativ	Genitiv	Genus	
1 memory				☐
2 science				☐

Zur Kontrolle:
1 1 falsus 2 dissimilis 3 oblivisci 4 iniquus 5 scire 6 certus
2 1 erro 2 decrevi 3 decretum 4 experiri 5 expertus sum 6 erfahren, erproben
3 1 memoria, memoriae f. 2 scientia, scientiae f.

Ergebnis: _____ von 14 Punkten *→ Bewertung siehe Seite 8*

18 Sprache

lingua, linguae f.	**Sprache, Zunge**	D Linguistik E language F langage, langue
loquī, loquor, locūtus sum	**sprechen**	
dīcere, dīcō, dīxī, dictum	**sagen, nennen**	F dire
dictum, dictī n.	**Aussage, Ausspruch, Wort**	
inquit	**sagt(e) er, sagt(e) sie**	Weitere Formen dieser beiden Verben sind selten.
aiō, ait, aiunt	**ich sage, er/sie sagt, sie sagen**	
appellāre, appellō, appellāvī, appellātum	**anreden, nennen**	D appellieren, Appell F appeler
vocāre, vocō, vocāvī, vocātum	**rufen, nennen**	D Vokativ
in iūs vocāre	*vor Gericht laden*	
ōrāre, ōrō, ōrāvī, ōrātum	**reden; bitten**	
ōrātiō, ōrātiōnis f.	**Rede**	
ōrātiōnem habēre	*eine Rede halten*	
ōrātor, ōrātōris m.	**Redner**	
vōx, vōcis f.	**Stimme; Wort, Ausspruch**	D Vokal E voice F voix
māgnā vōce	*mit lauter Stimme*	
clāmāre, clāmō, clāmāvī, clāmātum	**rufen, schreien**	
clāmor, clāmōris m.	**Geschrei**	
querī, queror, questus sum	**klagen**	D Querelen, Querulant
nōmen, nōminis n.	**Name, Bezeichnung; Begriff**	F nom
verbum, verbī n.	**Wort, Ausspruch**	D verbal F verb
fāma, fāmae f.	**Gerücht, (guter oder schlechter) Ruf, Sage**	D famos E fame, famous *Fāma crescit eundō.* (Vergil) – Das Gerücht wächst dadurch, dass es sich verbreitet (wörtl.: durch Laufen).
sententia, sententiae f.	**Ausspruch, Meinung, Satz**	E sentence
sententiam dīcere	*seine Meinung sagen, seine Stimme abgeben*	
referre, referō, rettulī, relātum	**zurücktragen; berichten, melden**	D Referat, relativ
ad senātum referre	*dem Senat berichten*	
dēferre, dēferō, dētulī, dēlātum	**herabbringen, melden**	*Si tacuissēs, philosophus mānsissēs.* (nach Boethius) – Wenn du geschwiegen hättest, wärest du Philosoph geblieben.
tacēre, taceō, tacuī, tacitum	**schweigen**	

sermō, sermōnis m.	**Gespräch; Sprache**	
salūtāre, salūtō, salūtāvī, salūtātum	**grüßen**	D salutieren F salut!
salvē! salvēte!	**Sei gegrüßt! Seid gegrüßt!**	
prōpōnere, prōpōnō, prōposuī, prōpositum	**vorlegen, vorschlagen**	E to propose
respondēre, respondeō, respondī, respōnsum	**antworten**	D Korrespondenz E response F répondre
persuādēre, persuādeō, persuāsī, persuāsum *mihi persuāsum est*	mit ut: **überreden;** mit AcI: **überzeugen** *ich bin überzeugt*	
contendere, contendō, contendī, contentum	**behaupten; sich anstrengen, kämpfen**	
negāre, negō, negāvī, negātum	**leugnen, bestreiten, verweigern; sagen, dass nicht** (mit AcI), **verneinen**	D Negation, negativ
mentīrī, mentior, mentītus sum	**lügen**	F mentir
prōmittere, prōmittō, prōmīsī, prōmissum	**versprechen**	→ 29 mittere E to promise F promettre
pollicērī, polliceor, pollicitus sum	**versprechen**	
laudāre, laudō, laudāvī, laudātum	**loben**	D Laudatio (Lobrede)
valē! valēte!	**Lebe wohl! Lebt wohl!**	→ 2 valēre

salūtāre

negāre

laudāre

rogāre, rogō, rogāvī, rogātum	**fragen; bitten**	
cōnsulere, cōnsulō, cōnsuluī, cōnsultum *ōrāculum cōnsulere* *cīvibus cōnsulere*	mit Akk.: **um Rat fragen;** mit Dat.: **sorgen für** *das Orakel befragen* *für die Bürger sorgen*	D konsultieren
ōrāre, ōrō, ōrāvī, ōrātum	**bitten, beten**	*Ōrā et lābōra!* (Motto der Benediktiner-Mönche) – Bete und arbeite!
quaerere, quaerō, quaesīvī, quaesītum *amīcum quaerere* *aliquid ex amīcō quaerere*	**suchen, fragen nach;** mit *ex/ab* und Abl.: **jemanden fragen** *den Freund suchen* *den Freund nach etwas fragen*	E/F question
interrogāre, interrogō, interrogāvī, interrogātum	**fragen**	D Interrogativpronomen
cur?	**warum?**	
quōmodō?	**wie?, auf welche Weise?**	→ 24 modus
-ne (angehängt) *Venisne mēcum?*	(dient als Fragesignal) *Kommst du mit mir?*	
nōnne?	**(etwa) nicht?**	
num?	**etwa?**	
an	**oder** (bei einer Frage)	
monēre, moneō, monuī, monitum	**ermahnen, auffordern; erinnern**	D monieren Der *Monitor* („Mahner") war zunächst nur ein Kontrollbildschirm.
praecipere, praecipiō, praecēpī, praeceptum	**anordnen, vorschreiben; vorwegnehmen**	→ 26 capere F précepte
hortārī, hortor, hortātus sum	**ermahnen, auffordern**	
poscere, poscō, poposcī *deōs veniam poscere*	**fordern** *die Götter um Vergebung bitten*	
postulāre, postulō, postulāvī, postulātum	**fordern, verlangen**	D Postulat
dēcrētum, dēcrētī n.	**Beschluss, Anordnung**	→ 28 dēcernere D Dekret F décret
iubēre, iubeō, iussī, iussum *Id tē iubeō.*	**befehlen, beauftragen** *Das befehle ich dir.*	
pārēre, pāreō, pāruī	**gehorchen**	D parieren Nicht verwechseln mit *parāre* (vorbereiten) und *parere* (hervorbringen)!

1 *Nenne je zwei lateinische Verben (Infinitive) mit der angegebenen Bedeutung. Die Anfangsbuchstaben sind vorgegeben.*

1, 2	bitten	r	o
3, 4	fordern	p	p
5, 6	rufen	v	c
7, 8	versprechen	p	p

2 *Nenne stammverwandte lateinische Substantive wie im Beispiel.*

	Nominativ	Genitiv		dt. Bedeutung
orare →	orator	oratoris	m.	Redner
1 clamare →				
2 vocare →				
3 sentire →				

3 *In der ersten Rede gegen Catilina gebraucht Cicero eine Formulierung für das, was man heute noch „beredtes Schweigen“ nennt:*
„Indem sie schweigen, schreien sie.“ (Cicero)

Cum (indem) ______________ , ________________ .

Zur Kontrolle:
1 1 rogare 2 orare 3 poscere 4 postulare 5 vocare 6 clamare 7 promittere 8 polliceri
2 1 clamor, clamoris m. – Geschrei 2 vox, vocis f. – Stimme 3 sententia, sententiae f. – Meinung
3 1 tacent 2 clamant

Ergebnis: _____ von 13 Punkten *→ Bewertung siehe Seite 8*

21 „Kleine Wörter“ I

Begründung (kausal)		
nam	**denn, nämlich**	
ergō	**also, folglich**	
enim (nachgestellt)	**nämlich, denn**	
igitur	**also, folglich, daher**	
itaque	**deshalb, daher**	
propter (beim Akk.)	**wegen**	
causā (nachgestellt; beim Gen.)	**wegen**	✎ Dr. h.c. = honōris causā (Ehrendoktor)
grātiā (nachgestellt; beim Gen.)	**wegen**	✎ E Abk. „e.g.“ = *exemplī grātiā* („zum Beispiel“)
Gegensatz (adversativ)		
autem (nachgestellt)	**aber, jedoch**	
sed	**aber, sondern**	
at	**jedoch, aber**	
vērō (nachgestellt)	**aber**	Nicht mit dem Adverb von *vērus* (wahr) verwechseln!
immō (verō)	**ja sogar, vielmehr, im Gegenteil**	
quidem	**zwar, wenigstens, allerdings**	
tamen	**dennoch**	
Verneinung (Negation)		
nōn	**nicht**	E no F non
haud	**nicht**	
nē … quidem	**nicht einmal**	
neque, nec	**und nicht, aber nicht, auch nicht**	
neque … neque	*weder … noch*	
Umstände (modal)		
cum (beim Abl.)	**mit**	Nicht mit der Subjunktion *cum* verwechseln!
sine (beim Abl.)	**ohne**	
prō (beim Abl.)	**für, vor**	D Pro und Kontra F pour
praeter (beim Akk.)	**außer; an … vorbei**	
forte	**zufällig**	

Aufzählend (enumerativ)		
et	**und; auch**	
et … et	*sowohl … als auch*	
-que (angehängt)	**und**	
atque	**und, und auch**	
ac	**und; als** (beim Vergleich)	
quoque (nachgestellt)	**auch**	
etiam	**auch; sogar**	
nōn modō … sed etiam	*nicht nur … sondern auch*	
sīve ... sīve	**sei es, dass … sei es, dass**	
aut	**oder**	*aut* bezeichnet eine klare Alternative (*„Aut Caesar aut nihil!"*), während *vel* eher dem deutschen „bzw." entspricht
aut … aut	*entweder … oder*	
vel	**oder**	
vel … vel	*entweder … oder (auch)*	
Subjunktionen		
ut	mit Indikativ: **wie, sobald;** mit Konjunktiv: **dass, sodass; damit, (um) zu**	*Dō, ut dēs.* (Grundsatz römischer Götterverehrung) – Ich gebe, damit du gibst.
nē	mit Konjunktiv: **dass nicht, damit nicht; (um) nicht zu**	
cum	mit Indikativ: **als (plötzlich), (immer) wenn, indem;** mit Konjunktiv: **als, nachdem, weil, obwohl, während (dagegen)**	Nicht mit der Präposition *cum* (beim Abl.) verwechseln!
postquam (mit Ind. Perfekt)	**nachdem**	
antequam	**bevor**	
priusquam	**bevor, ehe**	
dum	mit Ind. Präs.: **während** mit Ind./Konj.: **(solange) bis**	*Dum spīrō, spērō.* (nach Cicero) – Solange ich atme, hoffe ich.
ubī (prīmum)	**sobald**	
dōnec	**so lange bis**	
quia	**weil**	
quoniam	**da ja, weil**	
quod	**weil, dass** (begründend)	
Doleō, quod aeger es.	*Ich bedaure, dass du krank bist.*	
sī	**wenn**	F si
nisī	**wenn nicht; außer**	
sīn (autem)	**wenn aber**	
quamquam	**obwohl**	

egō	**ich**	D Egoist
meus,a,um	**mein**	
tū	**du**	F tu
tuus,a,um	**dein**	
is,ea,id	**er, sie es; dieser, diese, dieses**	
suus,a,um	**sein, ihr**	
nōs	**wir**	F nous
noster, nostra, nostrum	**unser**	F notre
vōs	**ihr**	F vous
vester, vestra, vestrum	**euer**	F votre
sē (Akk., Abl.); **sibi** (Dat.)	**sich**	F se
ille, illa, illud	**jener, jene, jenes**	Gen. illīus, Dat. illī
ipse, ipsa, ipsum	**selbst**	Gen. ipsīus, Dat. ipsī
iste, ista, istud	**dieser da; der da** (oft abwertend)	Gen. istīus, Dat. istī
īdem, eadem, idem	**derselbe, dieselbe, dasselbe**	
alter, altera, alterum	**der eine (von beiden), der andere**	Gen. alterīus, Dat. alterī D Alternative
quī, quae, quod	**der, die, das; welcher, welche, welches**	F qui/que
quis?, quid? (interrogativ)	**wer?, was?**	F qui/que
quīdam, quaedam, quoddam	**ein (bestimmter)**	
quisque, quaeque, quodque	**jeder, jedes (Einzelne)** (substantivisch)	
optimus quisque	*gerade die Besten*	
uterque, utraque, utrumque	**jeder (von beiden), beide**	Gen. utrīusque, Dat. utrīque
Uterque cōnsul cecidit.	*Beide Konsuln fielen.*	
nēmō	**niemand**	Dat. nēmīnī, Akk. nēmīnem
alius, alia, aliud	**ein anderer**	Gen. alterīus, Dat. alterī
aliī … aliī	*die einen … die anderen*	
quisquis, quisquis, quidquid	**wer auch immer, was auch immer** (substantivisch)	*Quidquid agis, prūdenter agās et respice fīnem!* – Was du auch tust, tue es mit Umsicht und bedenke das Ende!
quisquam, quaequam, quidquam	**(irgend)jemand, (irgend-) etwas** (substantivisch)	
aliquī, aliquae, aliquod	**irgendein, irgendeine** (adjektivisch)	
aliquis, aliquid	**irgendjemand, irgendeiner, irgendetwas** (substantivisch)	
ūllus,a,um	**irgendein, irgendeine** (adjektivisch)	Gen. ūllīus, Dat. ūllī

1 E U T A *Bilde aus diesen Buchstaben sechs lateinische Wörter und gib die deutsche Bedeutung an.*

2 *Nenne drei verschiedene lateinische Vokabeln für „aber".*

1 ☐ 2 ☐ 3 ☐

3 *Rätsel*

Waagerecht:
① irgendeiner
② deine
③ beide
④ eine andere
⑤ zwar

Senkrecht:
❶ bevor
❷ daher
❸ sei es ...
❹ weil
❺ jener

	❶		❷				❸
①							
②							
						❹	
③							
					❺		
		④					
⑤							

Zur Kontrolle:
1 et – und, ut – dass, at – aber, tu – du, aut – oder, ea – sie, diese
2 Mögliche Lösungen: sed, at, autem, vero
3 Waagerecht: 1 aliquis 2 tua 3 uterque 4 alia 5 quidem
Senkrecht: 1 antequam 2 itaque 3 sive 4 quia 5 ille

Ergebnis: _____ von 19 Punkten → *Bewertung siehe Seite 8*

factum, factī n.	**Handlung, Tat; Tatsache**	D Fakt
facere, faciō, fēcī, factum	**tun, machen, herstellen**	D Manufaktur F faire
fierī, fīō, factus sum *Fit tumultus.*	**werden, geschehen; gemacht werden** *Es kommt zu einem Auflauf.*	*fierī* ersetzt im Passiv die Formen des Präsensstammes von *facere*
efficere, efficiō, effēcī, effectum	**bewirken, durchsetzen, zustande bringen**	D Effekt, effizient
agere, agō, ēgī, actum *vītam agere*	**handeln, treiben, tun** *ein Leben führen*	Agenda (Neutrum Plural): Dinge, die getan werden müssen
ūsus, ūsūs m. *magnō ūsuī esse*	**Gebrauch, Nutzen** *von großem Nutzen sein*	
ūtī, ūtor, ūsus sum (mit Abl.) *gladiō ūtī*	**benutzen, gebrauchen** *das Schwert benutzen*	E to use, user
ūtilis, ūtilis, ūtile (Gen. ūtilis)	**nützlich**	D Utensilien
committere, committō, commīsī, commissum	**ausführen, beginnen; anvertrauen**	D Kommission E to commit
interesse, intersum, interfuī (mit Dat.) *lūdīs interesse*	**teilnehmen an** *an den Spielen teilnehmen*	→ 33 esse D Interesse
iungere, iungō, iūnxī, iūnctum	**verbinden**	
tangere, tangō, tetigī, tāctum	**berühren**	D Tangente
tenēre, teneō, tenuī, tentum	**halten, festhalten**	F tenir
ostendere, ostendō, ostendī, ostentum	**zeigen, darlegen**	
solvere, solvō, solvī, solūtum	**lösen, befreien, bezahlen**	D solvent (zahlungsfähig, vgl. In-solvenz) E solution
cūrāre, cūrō, cūrāvī, cūrātum (mit Akk.) *omnia cūrāre*	**sorgen** (für), **sich kümmern** (um) *sich um alles kümmern*	
cūra, cūrae f.	**Sorge, Sorgfalt; Pflege**	D Kur
servāre, servō, servāvī, servātum	**bewahren, retten**	D konservieren, konservativ *Pacta sunt servanda.* – Verträge müssen eingehalten werden.
aperīre, aperiō, aperuī, apertum	**öffnen, aufdecken**	D Aperitif
claudere, claudō, clausī, clausum	**schließen**	D Klausur
tegere, tegō, tēxī, tēctum	**bedecken, schützen**	

Aspekte des Handelns 25

modus, modī m.	**Art, Weise**	D Modus, modal Als *modus vīvendī* bezeichnet man eine erträgliche Form des Zusammenlebens.
officium, officiī n. *officium praestāre*	**Pflicht, Aufgabe, Dienst** *seine Pflicht erfüllen*	E/F office
posse, possum, potuī	**können**	E possibility
dēbēre, dēbeō, dēbuī, dēbitum	**müssen, schulden**	F devoir *nōn debēre:* nicht dürfen (vgl. E he must not)
solēre, soleō, solitus sum *Amīcīs adesse solēmus.*	**gewohnt sein,** (zu tun) **pflegen** *Freunden pflegen wir zu helfen.*	*solēre* ist ein Semi-deponens!
incipere, incipiō, coepī (incēpī), **inceptum**	**beginnen, anfangen**	
differre, differō, distulī, dīlātum *Linguā inter sē differunt.*	**verschieben; sich unterscheiden** *Sie unterscheiden sich (untereinander) durch ihre Sprache.*	→ 32 ferre D Differenz
omittere, omittō, omīsī, omissum	**aufgeben, fallen lassen, übergehen**	→ 29 mittere F omettre
audēre, audeō, ausus sum	**wagen**	*audēre* ist ein Semi-deponens!
cōnārī, cōnor, cōnātus sum	**versuchen**	
frūstrā	**vergeblich**	D Frustration
pergere, pergō, perrēxī, perrēctum	**weitermachen, fortfahren**	
perficere, perficiō, perfēcī, perfectum *eō opere perfectō*	**vollenden, herstellen** *nach Vollendung dieser Arbeit*	D perfekt
dēsinere, dēsinō, dēsiī (dēsīvī) **dēsitum**	**aufhören, ablassen von**	
fīnīre, fīniō, fīnīvī, fīnītum	**beenden; begrenzen**	→ 9 fīnis E to finish F finir
facilis, facilis, facile (Gen. facilis)	**leicht** (zu tun)	→ 24 facere F facile
difficilis, difficilis, difficile (Gen. difficilis)	**schwierig**	D diffizil E difficult F difficile
dīligēns, dīligēns, dīligēns (Gen. dīligentis)	**sorgfältig**	

dare, dō, dedī, datum	**geben**	D Dativ *Bis dat, quī citō dat.* – Doppelt gibt, wer schnell gibt. Das *Datum* auf Urkunden bezeichnete ursprünglich den Ausstellungstag (gegeben = ausgestellt am …)

reddere, reddō, reddidī, redditum	**zurückgeben; machen zu**	
mīlitibus grātiam reddere	*den Soldaten danken*	
vītam tūtiōrem reddere	*das Leben sicherer machen*	
mandāre, mandō, mandāvī, mandātum	**übergeben, beauftragen, anvertrauen**	D Mandat, Mandant (Justiz)
tribuere, tribuō, tribuī, tribūtum	**zuteilen; erweisen**	D Tribut(zahlungen)
afficere, afficiō, affēcī, affectum	**versehen mit, ausstatten mit; jemandem** (Akk.) **etwas** (Abl.) **zufügen**	→ 24 facere
magnō dolōre afficī	*großen Schmerz leiden*	
beneficium, beneficiī n.	**Wohltat**	→ 43 bene, 24 facere D Benefizkonzert
praemium, praemiī n.	**Belohnung, Auszeichnung**	D Prämie
praebēre, praebeō, praebuī, praebitum	**bieten, darreichen**	
sē praebēre	*sich verhalten*	
capere, capiō, cēpī, captum	**ergreifen; erobern; begreifen**	D (ugs.) kapieren; kapern (ein Schiff)
accipere, accipiō, accēpī, acceptum	**annehmen, empfangen; erfahren**	D akzeptieren
recipere, recipiō, recēpī, receptum	**zurücknehmen, wiederbekommen**	D Rezept
sūmere, sūmō, sūmpsī, sūmptum	**nehmen, ergreifen**	
comparāre, comparō, comparāvī, comparātum	**verschaffen, vergleichen**	D Komparativ E to compare
Sibī dīvitiās comparāvit.	*Er verschaffte sich Reichtum.*	
adimere, adimō, adēmī, ademptum	**an sich nehmen, wegnehmen**	
rapere, rapiō, rapuī, raptum	**rauben**	
ēripere, ēripiō, ēripuī, ēreptum	**entreißen, befreien**	

1 *Finde je fünf Vokabeln aus den Wortfeldern „Geben“ und „Nehmen“. Es bleiben Wörter übrig!*
tegere, facere, conari, dare, pergere, rapere, frustra, reddere, adimere, agere, tribuere, tangere, sumere, afficere, accipere, finire, praebere, claudere, capere

geben	nehmen

2 *Vieldeutiges „committere“: Finde drei unterschiedliche Übersetzungen.*

1 pecuniam ↘ ↗ ☐
2 caedem → committere → ☐
3 pugnam ↗ ↘ ☐

3 *Bringe folgende Aspekte einer Handlung in eine zeitliche Reihenfolge und nummeriere entsprechend von 1 bis 5.*

☐ pergere ☐ finire ☐ incipere ☐ facere ☐ perficere

Zur Kontrolle:
1 geben: dare, reddere, tribuere, afficere, praebere
nehmen: rapere, adimere, sumere, capere, accipere
2 1 (Geld) anvertrauen 2 (einen Mord) begehen/ausführen 3 (einen Kampf) beginnen
3 3 5 1 2 4

Ergebnis: _____ von 18 Punkten *→ Bewertung siehe Seite 8*

labōrāre, labōrō, labōrāvī, labōrātum	**arbeiten, sich bemühen**	
labor, labōris m.	**Arbeit, Anstrengung, Mühe**	D Labor(atorium) E/F labour
studium, studiī n.	**Eifer, Bemühung; Studium**	→ 5 studēre D Studium *sine īrā et studiō* (Motto des Historikers Tacitus) – ohne Zorn und Parteilichkeit
exercēre, exerceō, exercuī, exercitum	**üben**	→ 46 exercitus D exerzieren E exercise
vīs f. (Akk. Sing. vim; Abl. Sing. vī; Nom. Plur. vīrēs)	**Kraft, Gewalt; Menge;** im Plur. auch: **(Streit-)Kräfte**	*vīs* ist ein Defektivum: Es kommt im Singular nur in den genannten Formen vor, im Plural in allen Formen.
certāre, certō, certāvī, certātum	**streiten, kämpfen**	
superāre, superō, superāvī, superātum	**überwinden, übertreffen**	→ 8 super
opus, operis n.	**Arbeit, Werk** (das Ergebnis)	
opus est (mit Infinitiv, Ablativ, AcI)	**es ist nötig**	
Opus est tē urbem relinquere.	*Du musst die Stadt verlassen.*	
opera, operae f.	**Mühe, Arbeit** (das Tun)	
operam dare	*sich Mühe geben*	
negōtium, negōtiī n.	**Geschäft, Aufgabe**	→ 39 ōtium
negōtium dare	*einen Auftrag geben*	
parāre, parō, parāvī, parātum	**vorbereiten, beschaffen**	D parat, reparieren Nicht verwechseln mit *pārēre* (gehorchen) und *parere* (hervorbringen)!
bellum parāre	*zum Krieg rüsten*	
sustinēre, sustineō, sustinuī, sustentum	**aushalten, ertragen**	→ 24 tenēre
perferre, perferō, pertulī, perlātum	**überbringen, ertragen**	→ 32 ferre
cōnficere, cōnficiō, cōnfēcī, cōnfectum	**anfertigen, vollenden**	→ 24 facere D Konfektion
creāre, creō, creāvī, creātum	**erschaffen, wählen**	D kreativ, Kreatur
fingere, fingō, fīnxī, fictum	**formen, sich ausdenken**	D Fiktion E/F fiction
ars, artis f.	**Kunst; Handwerk**	D Artist E/F art *vīta brevis, ars longa* (nach Seneca) – Das Leben (ist) kurz, die Kunst (aber ist) lang.

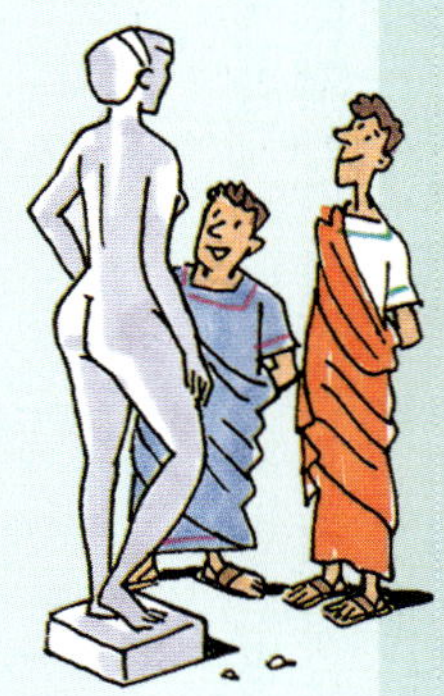

impellere, impellō, impulī, impulsum	**antreiben, veranlassen**	D Impuls, impulsiv
commovēre, commoveō, commōvī, commōtum	(innerlich) **bewegen, veranlassen**	→ 32 movēre
hīs rēbus commōtus	*durch diese Umstände veranlasst*	
suscipere, suscipiō, suscēpī, susceptum	**unternehmen, auf sich nehmen; empfangen**	→ 26 capere
statuere, statuō, statuī, statūtum	**hinstellen, aufstellen, bestimmen, beschließen**	D Statut (Gesetz, Satzung)
placēre, placeō, placuī, placitum	**gefallen**	D sein Plazet (Einverständnis) geben
senātuī placuit	*der Senat beschloss*	
dēcernere, dēcernō, dēcrēvī, decrētum	**entscheiden, beschließen**	
temptāre, temptō, temptāvī, temptātum	**in Versuchung führen; angreifen**	E temptation
necesse est	**es ist nötig**	→ 33 necessārius
oportet, oportuit	**man muss, es gehört sich**	
licet, licuit	**es ist erlaubt, man darf**	D Lizenz *Quod licet Iovī, nōn licet bovī.* – Was Jupiter erlaubt ist, ist einem Rind (noch lange) nicht erlaubt.
sinere, sinō, sīvī, situm	**lassen, zulassen**	
concēdere, concēdō, concessī, concessum	**zugestehen, erlauben**	→ 29 cēdere D Konzession
permittere, permittō, permīsī, permissum	**erlauben, zulassen; überlassen**	E permission
admittere, admittō, admīsī, admissum	**zulassen, hinzuziehen**	→ 29 mittere
impedīre, impediō, impedīvī, impeditum	**hindern, verhindern**	
retinēre, retineō, retinuī, retentum	**zurückhalten**	→ 24 tenēre F retenir
prohibēre, prohibeō, prohibuī, prohibitum	**abhalten, hindern; verbieten**	E to prohibit
vetāre, vetō, vetuī, vetitum	**verbieten, verhindern**	D Veto
Caesar mīlitēs castrīs discēdere vetat.	*Caesar verbietet den Soldaten, das Lager zu verlassen.*	

1 Richtige oder falsche Übersetzung? Notiere „r“ oder „f“.

	Vokabel	Übersetzung	r/f
1	parare	vergleichen	☐
2	suscipere	empfangen	☐
3	impedire	angreifen	☐
4	laborare	versuchen	☐

	Vokabel	Übersetzung	r/f
5	negotium	Geschäft	☐
6	debere	müssen	☐
7	certare	sichern	☐
8	ars	Kunst	☐

2 Ordne jeweils drei Vokabeln den Bereichen „erlauben“ und „verhindern“ zu.
concedere, sustinere, prohibere, opus est, non debere, certare, licet, sinere, vetare

erlauben	verhindern
1 ☐	4 ☐
2 ☐	5 ☐
3 ☐	6 ☐

3 Ergänze die fehlenden Formen (Infinitiv, Stammformen).

superare	1 ☐	superavi	superatum	überwinden
2 ☐	fingo	3 ☐	4 ☐	formen

Zur Kontrolle:
1 1 falsch 2 richtig 3 falsch 4 falsch 5 richtig 6 richtig 7 falsch 8 richtig
2 1 concedere 2 licet 3 sinere 4 prohibere 5 non debere 6 vetare
3 1 supero 2 fingere 3 finxi 4 fictum

Ergebnis: _____ von 18 Punkten *→ Bewertung siehe Seite 8*

Aufbrechen und Verlassen 29

abīre, abeō, abiī, abitum	**fortgehen**	→ 30 īre D Abitur
exīre, exeō, exiī, exitum	**herausgehen**	→ 30 īre E exit
ēvādere, ēvādō, ēvāsī, ēvāsum	**herausgehen, entkommen**	
relinquere, relinquō, relīquī, relictum	**verlassen, zurücklassen**	D Relikt
dēserere, dēserō, dēseruī, desertum	**verlassen, im Stich lassen**	D Deserteur E (to) desert
cēdere, cēdō, cessī, cessum	**(weg)gehen; nachgeben**	F céder Nicht verwechseln mit *cadere* (fallen) und *caedere* (töten)!
excēdere, excēdō, excessī, excessum	**hinausgehen; weggehen**	D Exzess
discēdere, discēdō, discessī, discessum	**weggehen, sich entfernen**	
locō discēdere	*einen Ort verlassen*	
ēgredī, ēgredior, ēgressus sum	**herausgehen, verlassen**	
proficīscī, proficīscor, profectus sum	**aufbrechen, reisen**	
Rōmā proficīscī	*aus Rom aufbrechen*	
dēcēdere, dēcēdō, dēcessī, decessum	**weggehen, weichen**	
mūtāre, mūtō, mūtāvī, mūtātum	**(ver)ändern, vertauschen**	D Mutation *Tempora mūtantur et nōs mūtāmur in illīs.* (nach Ovid) – Die Zeiten ändern sich und wir ändern uns mit ihnen. *mūtātīs mūtandīs* – mit/nach den erforderlichen Änderungen
sēdem mūtāre	*den Wohnsitz wechseln*	

mittere, mittō, mīsī, missum	**schicken; entlassen; werfen**	D Mission
dīmittere, dīmittō, dīmīsī, dīmissum	**entlassen, fortschicken**	
ēdūcere, ēdūcō, ēdūxī, ēductum	**herausführen, aufziehen**	→ 30 dūcere E education F éducation
dēdūcere, dēdūcō, dēdūxī, dēductum	**herabführen, wegführen, hinführen**	→ 30 dūcere D Deduktion
expellere, expellō, expulī, expulsum	**vertreiben**	→ 32 pellere
exigere, exigō, exēgī, exāctum	**wegtreiben; erfordern; vollenden**	→ 24 agere D exakt F exiger

īre, eō, iī, itum	**gehen**	Die Wörterbuch-Form *eō* nicht mit dem gleich lautenden Adverb *eō* verwechseln!
iter, itineris n.	**Weg; Marsch, Reise**	
in itinere	*unterwegs*	
iter facere	*reisen, marschieren*	
currere, currō, cucurrī, cursum	**laufen, rennen**	D Kurs, Kurier Der *Cursor* (engl.) auf dem Computerbildschirm ist der „Läufer".
cursus, cursūs m.	**Lauf; Kurs**	Eine *kursorische* Lektüre verschafft einen schnellen Überblick.
cursus honōrum	*Ämterlaufbahn*	
prōcēdere, prōcēdō, prōcessī, prōcessum	**vorangehen, fortschreiten**	D Prozess, Prozession
Opus prōcēdit.	*Das Werk schreitet voran.*	
celer, celeris, celere (Gen. celeris)	**schnell**	
comes, comitis m.	**Begleiter**	
dūcere, dūcō, dūxī, ductum	**führen, ziehen; glauben**	
exercitum dūcere	*ein Heer führen*	
aliquem hostem/ prō hoste dūcere	*jemanden für einen Feind halten*	
dux, ducis m./f.	**Anführer(in), Führer(in), Feldherr**	→ 30 dūcere E duke
contendere, contendō, contendī, contentum	**eilen; sich anstrengen, kämpfen; behaupten**	
Caesar in Galliam contendit.	*Caesar eilt/eilte nach Gallien.*	
Hoc contendō.	*Dies behaupte ich.*	
sequī, sequor, secūtus sum (mit Akk.)	**jemandem folgen; etwas befolgen**	D Sequenz
Rōmānī cōpiās Helvētiōrum sequuntur.	*Die Römer folgen den Truppen der Helvetier.*	
dēscendere, dēscendō, dēscendī, descēnsum	**herabsteigen**	F descendre
nāvigāre, nāvigō, nāvigāvī, nāvigātum	**segeln, mit dem Schiff fahren**	D Navigation
nāvis, nāvis f.	**Schiff**	E navy
nāvēs solvere	*die Anker lichten, abfahren*	

adīre, adeō, adiī, aditum	**herangehen, aufsuchen; bitten; angreifen**	→ 30 īre ⚡ Die Wörterbuch-Form *adeō* nicht mit dem gleich lautenden Adverb *adeō* verwechseln!
ōrāculum adīre	*sich an das Orakel wenden*	
perīculum adīre	*eine Gefahr auf sich nehmen*	
trānsīre, trānseō, trānsiī, trānsitum	**hinübergehen, überschreiten**	→ 30 īre D Transitverkehr
redīre, redeō, rediī, reditum	**zurückgehen, zurückkehren**	→ 30 īre
recēdere, recēdō, recessī, rēcessum	**zurückweichen, sich zurückziehen**	→ 29 cēdere D Rezession (Wirtschaft)
remittere, remittō, remīsī, remissum	**zurückschicken, erlassen**	→ 29 mittere ✎ *Remittenden* sind nicht verkaufte Exemplare, die der Zeitschriften- und Buchhandel an den Verlag zurückschickt.
redūcere, redūcō, redūxī, reductum	**zurückführen**	→ 30 dūcere D reduzieren, Reduktion
appropinquāre, appropinquō, appropinquāvī, appropinquātum	**sich nähern**	→ 8 prope
accēdere (ad), **accēdō, accessī, accessum**	**herantreten, sich befassen** (mit), **sich beteiligen** (an)	→ 29 cēdere
accēdere ad rem publicam	*in die Politik gehen*	
accēdit, quod/ut	*es kommt hinzu, dass …*	⚡ Nicht verwechseln mit *accidit, ut* (es geschieht, dass …)!
intrāre, intrō, intrāvī, intrātum	**eintreten, betreten**	E to enter F entrer
venīre, veniō, vēnī, ventum	**kommen**	F venir ⚡ Nicht verwechseln: *venit* – er kommt (Präsens), aber *vēnit* (Dehnungsperfekt) – er ist gekommen.
advenīre, adveniō, advēnī, adventum	**ankommen**	
adventus, adventūs m.	**Ankunft**	D Advent
pervenīre, perveniō, pervēnī, perventum	**hinkommen, gelangen**	
convenīre, conveniō, convēnī, conventum	**zusammenkommen, sich versammeln, sich treffen mit** (mit Akk.); **sich einigen**	D Konvention, Konvent
amīcōs convenīre	*sich mit Freunden treffen*	
convenit	*man einigt sich*	

1 *Führe die neusprachlichen Vokabeln auf lateinische Verben zurück.*

	Infinitiv	Stammformen
1 D Motor		
2 E duke		
3 D Sequenz		
4 F entrer		
5 D Abitur		

2 *Trage die passenden Verben der Bewegung ein (nur Infinitive). Die Anfangsbuchstaben sind vorgegeben.*

Zur Kontrolle:

1 1 movere, moveo, movi, motum 2 ducere, duco, duxi, ductum 3 sequi, sequor, secutus sum 4 intrare, intro, intravi, intratum 5 abire, abeo, abii, abitum

2 Mögliche Lösungen: 1 currere, contendere 2 consequi, sequi 3 descendere 4 transire 5 expellere, dimittere

Ergebnis: _____ von 10 Punkten *→ Bewertung siehe Seite 8*

Transport 32

ferre, ferō, tulī, lātum	**tragen, bringen; ertragen; berichten**	
ferunt (mit AcI)	*man sagt*	
graviter ferre (mit AcI/quod)	*sehr darunter leiden, dass …*	
afferre, afferō, attulī, allātum	**herbeibringen, zufügen**	
auferre, auferō, abstulī, ablātum	**wegtragen, wegbringen; rauben**	✐ Der *Ablativ* bezeichnet (als Separativus) eine Trennung.
cōnferre, cōnferō, cōntulī, collātum	**zusammentragen**	D Konferenz
portāre, portō, portāvī, portātum	**tragen**	D Porto ✐ portāre ist im Deutschen die Grundlage vieler Komposita: im-/ex-/trans-/ap-/de-portieren (→ Seite 12)
movēre, moveō, mōvī, mōtum	**bewegen; veranlassen; erschüttern**	D Motor, Motiv E to move F mouvoir
trahere, trahō, trāxī, tractum	**ziehen, schleppen**	D Traktor
gerere, gerō, gessī, gestum	**tragen; ausführen**	
rēs gestae	*Taten, Leistungen*	
bellum gerere	*Krieg führen*	
volvere, volvō, volvī, volūtum	**wälzen, rollen**	
vertere, vertō, vertī, versum	**wenden, drehen**	
convertere, convertō, convertī, conversum	**umdrehen, umwenden**	D konvertieren, Konverter
flectere, flectō, flexī, flexum	**beugen, biegen, wenden**	D flexibel
agere, agō, ēgī, actum	**treiben, betreiben, verhandeln**	D Aktiv, Agent, Agenda, Akte
grātiās agere alicuī	*jemandem danken*	
agitāre, agitō, agitāvī, agitātum	**treiben, betreiben**	D Agitation

addere, addō, addidī, additum	**hinzufügen**	→ 26 dare D addieren
colligere, colligō, collēgī, collēctum	**sammeln**	→ 50 legere D Kollektion, Kollekte
coniungere, coniungō, coniūnxī, coniūnctum	**verbinden, vereinen**	D Konjunktion
tollere, tollō, sustulī, sublātum	**aufheben, beseitigen**	
pōnere, pōnō, posuī, positum	**setzen, stellen, legen**	D Position F poser
compōnere, compōnō, composuī, compositum	**zusammenstellen;** (schriftlich) **abfassen**	D Komposition
dēpōnere, dēpōnō, dēposuī, depositum	**ablegen, niederlegen**	D Depot E to deposit
premere, premō, pressī, pressum	**drücken, erdrücken**	D pressen E pressure
pellere, pellō, pepulī, pulsum	**treiben, schlagen, vertreiben**	D Puls
āmittere, āmittō, āmīsī, āmissum	**verlieren**	→ 29 mittere
cōnsūmere, cōnsūmō, cōnsūmpsī, cōnsūmptum	**verbrauchen**	→ 26 sūmere D Konsum

esse, sum, fuī	**sein**	F être
adesse, adsum, affuī	**anwesend sein;** mit Dat.: **jemandem helfen, beistehen**	
superesse, supersum, superfuī	**übrig sein, überleben**	
continēre, contineō, continuī, contentum	**enthalten, zusammenhalten**	→ 24 tenēre E contents ✎ Ein *Kontinent* besteht aus zusammenhängendem Land (eigentlich *terra continēns*).
orīrī, orior, ortus sum	**entstehen**	✎ Orient (→ Sonnenaufgang!)
Sōl oritur.	*Die Sonne geht auf.*	
possidēre, possideō, possēdī, possessum	**besitzen**	D Possessivpronomen
habēre, habeō, habuī, habitum	**haben, besitzen; halten für**	E to have
grātiam habēre	*dankbar sein*	
ops, opis f.	**Kraft, Hilfe;** im Plural: **Macht, Vermögen**	
rēs, reī f.	**Sache, Angelegenheit;** im Plural auch: **Lage, Verhältnisse**	*Rēs* kann in verschiedenen Kontexten und Wortkombinationen höchst unterschiedliche Bedeutungen haben!
rēs familiāris	*Vermögen*	
pecūnia, pecūniae f.	**Geld**	
dīves, dīves, dīves (Gen. dīvitis)	**reich;** als Substantiv: **der Reiche**	
dīvitiae, dīvitiārum f.	**Reichtum**	
pauper, pauper, pauper (Gen. pauperis)	**arm**	E poor F pauvre
necessārius,a,um	**notwendig**	E necessary F nécessaire
vacuus,a,um	**leer, frei** (von/für)	D Vakuum F les vacances (schulfreie Zeit)
opus est (mit Abl.)	**man braucht etwas, etwas ist nötig**	
Auxiliō nōbīs opus est.	*Wir brauchen Hilfe.*	
abesse, absum, āfuī	**entfernt sein, abwesend sein**	
dēesse, dēsum, dēfuī	**fehlen**	
carēre, careō, caruī (mit Abl.)	**nicht haben, frei sein von; entbehren**	D Karenzzeit (Wartezeit, Sperrfrist)
egēre, egeō, eguī (mit Abl.)	**etwas brauchen, etwas nicht haben**	
pecuniā egēre	*kein Geld haben*	

1 Vieldeutiges „ferre“: Finde drei unterschiedliche Übersetzungen.

1	Iniuriam	↘		↗		☐
2	Lapides	→	ferunt.	→		☐
3	Romulum Remum necavisse	↗		↘		☐

2 Ergänze die fehlenden Formen (Infinitiv, Stammformen, deutsche Bedeutung).

1 ☐	possideo	2 ☐	3 ☐	besitzen
4 ☐	5 ☐	sustuli	6 ☐	7 ☐

3 Vier Vokabeln bilden Gegensätze zu denen in der Tabelle. Suche sie heraus.
agere, afferre, vacuus, deesse, ops, divitiae, res, pauper, egere, ferre, conferre

1	dives	⇔		☐
2	possidere	⇔		☐
3	adesse	⇔		☐
4	auferre	⇔		☐

Zur Kontrolle:
1 1 Sie ertragen das Unrecht. 2 Sie tragen Steine. 3 Man sagt, dass Romulus Remus ermordet habe.
2 1 possidere 2 possedi 3 possessum 4 tollere 5 tollo 6 sublatum 7 aufheben, beseitigen
3 1 pauper 2 egere 3 deesse 4 affere

Ergebnis: ______ von 14 Punkten *→ Bewertung siehe Seite 8*

nātūra, nātūrae f.	**Natur, Beschaffenheit**	E/F nature
terra, terrae f.	**Land, Erde**	F terre
ubī terrārum?	*wo in aller Welt?*	
humus, humī f.	**Erde, Boden**	Die Form *humī* kann auch Lokativ sein (auf dem Boden); →36 domī.
humī iacēre	*auf dem Boden liegen*	
lapis, lapidis m.	**Stein**	D Lapidarium (Sammlung von Gesteinen)
saxum, saxī n.	**Felsen**	
arēna, arēnae f.	**Sand; Arena**	
aqua, aquae f.	**Wasser**	D Aquarium, Aquädukt
mare, maris n.	**Meer**	D maritim
terrā marīque	*zu Lande und zu Wasser*	
mare nostrum	*das Mittelmeer*	
lacus, lacūs m.	**See, Teich**	D Lache E lake F lac
flūmen, flūminis n.	**Fluss**	
fōns, fontis m.	**Quelle**	D Fontäne
unda, undae f.	**Woge, Welle**	F onde
fluere, fluō, flūxī, fluctum	**fließen**	
caelum, caelī n.	**Himmel; Klima**	F ciel
sōl, sōlis m.	**Sonne**	D Solarium, Solarenergie
lūna, lūnae f.	**Mond**	D lunar F lune
astrum, astrī n.	**Stern**	D Astrologie, Astronomie
aura, aurae f.	**Luft, Hauch; Gunst**	
ventus, ventī m.	**Wind**	D Ventil
ventō secundō nāvigāre	*mit günstigem Wind segeln*	F vent
tempestās, tempestātis f.	**Sturm, Unwetter**	
hiems, hiemis f.	**Sturm, Winter, Kälte**	
lūx, lūcis f.	**Licht**	Lux: physikalische Einheit der Beleuchtungsstärke
prīmā lūce	*bei Tagesanbruch*	
lūmen, lūminis n.	**Licht, Tageslicht, Augenlicht**	D illuminieren
īgnis, īgnis m.	**Feuer**	
ardēre, ardeō, arsī	**brennen**	
flamma, flammae f.	**Flamme, Feuer, Glut**	E flame F flamme
incendium, incendiī n.	**Brand, Feuer**	

35 Landschaft und Tiere

campus, campī m.	**Platz, Ebene, Feld**	E/F Camp, Camping
campus Martius	*das Marsfeld*	
mōns, montis m.	**Berg;** im Plural auch: **Gebirge**	E mountain F montagne
summus mōns	*der Gipfel des Berges*	
collis, collis m.	**Hügel**	
lītus, lītoris n.	**Küste, Strand**	
īnsula, īnsulae f.	**Insel; Wohnblock**	F île ✎ E peninsula – „Fast-Insel“, Halbinsel (paene, insula)
ōra, ōrae f.	**Küste**	
rīpa, rīpae f.	**Ufer**	
silva, silvae f.	**Wald**	
arbor, arboris f.	**Baum**	F arbre Im Lateinischen sind alle Baumarten Feminina.
crēscere, crēscō, crēvī	**wachsen**	✎ Crescendo (Musik): Anwachsen der Tonstärke
animal, animālis n.	**Lebewesen, Tier**	E/F animal
equus, equī m.	**Pferd**	
canis, canis m./f.	**Hund**	F chien
avis, avis f.	**Vogel**	F avion
taurus, taurī m.	**Stier**	✎ Minotaurus: „der Stier des Minos“
leō, leōnis m.	**Löwe**	E/F lion

1 *Ordne den Elementen passende Substantive zu und nenne jeweils eine deutsche Bedeutung. Es bleiben Wörter übrig!*
arbor, lapis, aura, unde, incendium, ferre, terra, flumen, vacuus, lacus, arena, humus, fons, saxum, ignis, caelum, aequus, tempestas, natura, comes, flamma

WASSER	FEUER	LUFT
1 ☐	4 ☐	7 ☐
2 ☐	5 ☐	8 ☐
3 ☐	6 ☐	9 ☐

2 *Rätsel*

Waagerecht:
① Küste
② Feld
③ wachsen
④ Wald

Senkrecht:
❶ Stier
❷ Sturm
❸ Land

				❷				
	①							
		❶						
②								❸
③								
			④					

Zur Kontrolle:
1 1 flumen – Fluss 2 lacus – See, Teich 3 fons – Quelle 4 incendium – Brand, Feuer 5 ignis – Feuer 6 flamma – Feuer, Glut 7 aura – Luft 8 caelum – Himmel, Klima 9 tempestas – Sturm, Unwetter
2 Waagerecht: 1 litus 2 campus 3 crescere 4 silva
Senkrecht: 1 taurus 2 tempestas 3 terra

Ergebnis: _____ von 16 Punkten *→ Bewertung siehe Seite 8*

urbs, urbis f.	**Stadt, Rom** (als *die* Stadt)	D/E urban
urbānus,a,um	**(groß)städtisch**	
condere, condō, condidī, conditum	**gründen, verwahren**	*„Ab urbe conditā“* (Titel des Geschichtswerkes des Livius) – „Von der Gründung der Stadt (Rom) an“
oppidum, oppidī n.	(befestigte) **Stadt**	
forum, forī n.	**Markt(platz)**	
turris, turris f.	**Turm**	F la tour
moenia, moenium n.	**Stadtmauer(n), Mauer(n)**	
porta, portae f.	**Tor, Tür**	D Pforte, Portal F porte
custōs, custōdis m. *custōdēs fallere*	**Wächter** *die Wächter täuschen*	→ 45 custōdia D Küster, Kustos
via, viae f.	**Weg, Straße**	E way F voie
domus, domūs f.	**Haus, Haushalt**	D Dom, Domizil
tēctum, tēctī n.	**Dach, Haus**	→ 24 tegere
īnsula, īnsulae f.	**Insel; Wohnblock**	F île
portus, portūs m.	**Hafen**	E/F port
pōns, pontis m. *pontem facere*	**Brücke** *eine Brücke bauen*	F le pont
circus, circī m.	**Zirkus, Rennbahn; Kreis**	D Zirkel Der *Circus Maximus* war die größte *(maximus)* Rennbahn in Rom.
amphitheātrum, amphitheātrī n.	**Amphitheater**	*amphi* (griech.) – *rund um … herum* bezieht sich auf die Form der Zuschauerränge (z. B. beim Colosseum), im Gegensatz zum halbrunden Theater nach griechischer Tradition
gladiātor, gladiātōris m.	**Gladiator**	→ 46 gladius
bibliothēca, bibliothēcae f.	**Bibliothek**	
theātrum, theātrī n.	**Theater**	
thermae, thermārum f.	**Bäder, Thermen**	
aquaeductus, aquaeductī m.	**Wasserleitung, Aquädukt**	→ 35 aqua, 30 dūcere
taberna, tabernae f.	**Schänke, Laden**	
mercātor, mercātōris m.	**Händler, Kaufmann**	D merkantil, Merkantilismus E merchant
basilica, basilicae f.	**Basilika** (große Halle), **Kirche**	
statua, statuae f.	**Statue, Standbild**	

rūs, rūris n.	**Land**	D rustikal
rūrī	*auf dem Land*	
tellūs, tellūris f.	**Erde**	
vīlla, vīllae f.	**Landhaus, Landgut**	
vīlicus, vīlicī m.	**Gutsverwalter**	
vīcus, vīcī m.	**Dorf, Stadtviertel**	
ager, agrī m.	**Acker, Feld; Gebiet**	D Agrikultur, Agrar…
colere, colō, coluī, cultum	(ein Feld) **bebauen; bewohnen; verehren**	
cultus, cultūs m.	**Bebauung; Verehrung; Lebensweise**	D Kult, Kultur
frūmentum, frūmentī n.	**Getreide**	
rēs frūmentāria	*Getreideversorgung, Verpflegung*	
vīnum, vīnī n.	**Wein**	*in vīnō vēritās* – Im Wein (liegt) die Wahrheit.
pāstor, pāstōris m.	**Hirte**	D Pastor (Geistlicher)
grex, gregis m.	**Herde**	
pecus, pecoris n.	**Vieh**	→ 33 pecūnia (Vieh war ein frühes Zahlungsmittel)
bōs, bovis m.	**Ochse, Rind**	
iugum, iugī n.	**Joch; Gebirgszug**	Ein *Joch* ist ein Holzbalken, unter den die Zugtiere gespannt werden.
sub iugum mittere	*unters Joch schicken (zum Zeichen der Unterwerfung)*	In diesem Falle wird das *iugum* symbolisch von drei Lanzen gebildet.

gēns, gentis f.	**Geschlecht, Familie, Stamm, Volk**	F les gens
māiōrēs, māiōrum m. *mōs māiōrum*	**Vorfahren, Ahnen** *Tradition („Sitte der Vorfahren")*	
parere, pariō, peperī, partum	**hervorbringen, erzeugen**	Nicht verwechseln mit *pārēre* (gehorchen) und *parāre* (vorbereiten)!
parentēs, parent(i)um m.	**Eltern**	E parents F les parents
māter, mātris f.	**Mutter**	E mother F mère
pater, patris m.	**Vater;** im Plural auch: **Senatoren**	D Patriarchat F père
uxor, uxōris f.	(Ehe-)**Frau**	
coniu(n)x, coniugis m./f.	**Ehemann, Ehefrau**	→ 32 coniungere
mulier, mulíeris f.	**Frau, Ehefrau**	
mātrōna, mātrōnae f.	(verheiratete) **Frau**	
mātrimōnium, mātrimōniī n.	**Ehe**	
marītus, marītī m.	**Ehemann**	
līberī, līberōrum m.	**Kinder** (frei geborene)	Nicht mit Formen von *līber* (frei) oder etwa *liber* (Buch) verwechseln!
fīlia, fīliae f.	**Tochter**	D Filiale F fille
fīlius, fīliī m.	**Sohn**	F fils
frāter, frātris m.	**Bruder**	F frère
soror, sorōris f.	**Schwester**	
nepōs, nepōtis m.	**Enkel; Neffe**	D Nepotismus („Vetternwirtschaft")
propinquus, propinquī m.	**Verwandter, Nachbar**	→ 8 prope

Römische Namen

Häufige römische Vornamen und ihre Abkürzungen:

A.	Aulus	L.	Lucius	Q.	Quintus
C.	Gaius	M.	Marcus	Sex.	Sextus
Gn.	Gnaeus	P.	Publius	T.	Titus

Der römische Name besteht in der Regel aus
1. dem *praenomen* (Vornamen),
2. dem *nomen gentile* (Familiennamen),
3. dem *cognomen* (Beinamen).

} 1. Gaius 2. Iulius 3. Caesar

Häusliches Leben — 39

domus, domūs f. *domī bellīque*	**Haus, Haushalt** *in Krieg und Frieden*	D Dom, Domizil Merke: *domī* – zu Hause (alter Lokativ); *domum* – nach Hause (Akk. der Richtung); *domo* – von zu Hause
familia, familiae f.	**Familie, Hausgemeinschaft** (einschließlich Sklaven)	E family F famille
dominus, dominī m.	**Herr**	D dominant Zeitangabe *Annō Dominī* (A. D.) – im Jahre des Herrn (also nach Christi Geburt)
domina, dominae f.	**Herrin**	
habitāre, habitō, habitāvī, habitātum	**wohnen**	E inhabitants F habiter
servus, servī m.	**Sklave**	D servil D (bayerisch) Gruß „Servus“ = „Ihr Diener“
serva, servae f.	**Sklavin**	
servīre, serviō, servīvī, servītum	**dienen**	E/F service
servitūs, servitūtis f.	**Sklaverei, Knechtschaft**	
līberāre, līberō, līberāvī, līberātum	**befreien**	
lībertus, lībertī m.	**Freigelassener** (= ehemaliger Sklave)	
lībertās, lībertātis f.	**Freiheit**	E liberty F liberté
līber, lībera, līberum	**frei**	D liberal F libre Nicht mit Formen von *līberī* (Kinder) oder etwa *liber* (Buch) verwechseln!
hospes, hospitis m.	**Gast, Fremder**	E hospital
cēna, cēnae f.	**Mahlzeit, Essen**	
ōtium, ōtiī n.	**Ruhe, freie Zeit**	→ 27 negōtium
lūdus, lūdī m.	**Spiel; Schule**	
lūdere, lūdō, lūsī, lūsum	**spielen**	
toga, togae f.	**Toga** (Oberbekleidung eines römischen Bürgers)	
vestis, vestis f. *vestem gerere*	**Kleid, Kleidungsstück** *ein Kleidungsstück tragen*	D Weste

1 Marcus und seine Familie: Fülle das Schema mit den passenden Begriffen.

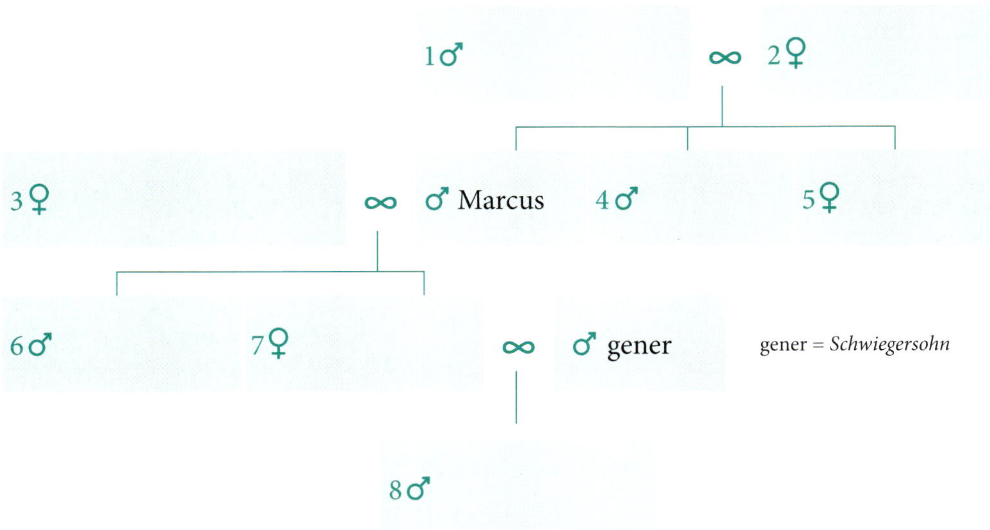

2 Führe wie im Beispiel auf das lateinische Substantiv zurück.

	F pont	pons, pontis m.	Brücke	
1	E/F port			☐
2	F tour			☐
3	E way			☐

3 Vieldeutiges „colere": Finde drei unterschiedliche Übersetzungen.

1 agrum ↘ ↗ ☐

2 deum → colere → ☐

3 fines ↗ ↘ ☐

Zur Kontrolle:

1 1 pater 2 mater 3 uxor/coniu(n)x 4 frater 5 soror 6 filius 7 filia 8 nepos

2 1 portus, portus m. – Hafen 2 turris, turris f. – Turm 3 via, viae f. – Weg

3 1 den Acker bebauen 2 den Gott verehren 3 ein Gebiet bewohnen

Ergebnis: _____ von 14 Punkten *→ Bewertung siehe Seite 8*

patria, patriae f.	**Heimat, Vaterland**	→ 38 pater D Patriot F patrie *ubi bene, ibī patria* (nach Cicero) – Wo es gut ist, da ist das Vaterland.
publicus,a,um	**öffentlich**	D Publikum E/F public
rēs publica	*Staat*	D Republik
populus, populī m.	**Volk**	D Population, populär, Popmusik
S.P.Q.R.	*senātus populusque Rōmānus*	Diese Wortverbindung betont die Einheit von (aristokratischem) Senat und wahlberechtigten Bürgern (Volk).
commūnis, commūnis, commūne (Gen. commūnis)	**gemeinsam, allgemein**	D kommunal, Kommunismus
societās, societātis f.	**Gemeinschaft, Bündnis**	→ 42 socius D Sozietät E society
mōs, mōris m.	**Sitte, Brauch;** im Plural auch: **Charakter**	D Moral *Ō tempora, ō mōrēs!* (Cicero): Was für Zeiten, was für Sitten!
ōrdō, ōrdinis m.	**Stand, Reihe, Ordnung**	D Ordinalzahlen
genus, generis n.	**Art, Gattung, Abstammung**	
genus hominum/hūmānum	*die Menschheit*	
nōbilis, nōbilis, nōbile (Gen. nōbilis)	**vornehm, adlig**	D nobel
nōbilī genere nātus	*von vornehmer Herkunft*	
plēbs, plēbis f.	**Volk, Plebs**	D Plebiszit (Volksabstimmung)
homō dē plēbe	*ein Mann aus dem Volk*	
vulgus, vulgī n.	**Volk, Pöbel**	D vulgär
vulgō (Adverb)	*im Allgemeinen, gewöhnlich*	
patrōnus, patrōnī m.	**Patron, Schutzherr, Verteidiger**	Ein *patrōnus* fungierte als Schutzherr seines *cliēns,* er verteidigte ihn z. B. vor Gericht.
cliēns, clientis m.	**Klient, Schutzbefohlener** (eines Patronus)	D Klient, Klientel Der *cliēns* hatte seinem *patrōnus* gegenüber Verpflichtungen (z. B. die morgendliche *salūtātiō*).

regere, regō, rēxī, rēctum	**regieren, lenken, leiten**	D Regent E to reign
rēgnāre, rēgnō, rēgnāvī, rēgnātum	(als König) **regieren, herrschen**	
rēgnum, rēgnī n.	**Königreich, (Königs-) Herrschaft**	
rēx, rēgis m.	**König**	F roi
rēgius,a,um	**königlich, Königs…**	
cīvis, cīvis m./f.	**Bürger, Bürgerin**	
cīvīlis, cīvīlis, cīvīle (Gen. cīvīlis)	**bürgerlich, Bürger…**	D zivil
cīvitās, cīvitātis f.	**Bürgerschaft, Staat, Stadt**	
cūria, cūriae f.	**Kurie** (Versammlungsort des Senats)	
senātus, senātūs m.	**Senat**	
senātor, senātōris m.	**Senator**	
mūnus, mūneris n.	**Aufgabe, Amt; Geschenk**	
magistrātus, magistrātūs m.	**Amt, Beamter**	
cōnsul, cōnsulis m.	**Konsul**	→ 20 cōnsulere
consulātus, consulātūs m.	**Konsulat**	✎ Wichtige Stationen der Ämterlaufbahn *(cursus honōrum):* ↑ *cōnsul* (Regierung) *praetor* (Justiz) *aedīlis* (Verwaltung) *quaestor* (Finanzen)
praetor, praetōris m.	**Prätor**	
aedīlis, aedīlis m.	**Ädil**	
quaestor, quaestōris m.	**Quästor**	
dictātor, dictātōris m.	**Diktator**	
tribūnus, tribūnī m.	**Tribun**	
contiō, contiōnis f. *contiōnem habēre*	**(Volks-)Versammlung** *eine Versammlung abhalten*	
comitia, comitiōrum n.	**Versammlung, Wahlversammlung**	
ambitiō, ambitiōnis f.	**Ehrgeiz, Bewerbung** (um ein Amt)	D Ambition
mōtus, mōtūs m.	**Bewegung, Erregung, Aufruhr**	→ 32 movēre E motion
sēditiō, sēditiōnis f.	**Aufstand**	
rēs novae, rērum novārum f. *rēbus novīs studēre*	**Umsturz** *nach Umsturz streben*	
potēns, potēns, potēns (Gen. potentis)	**mächtig**	D potent
potentia, potentiae f.	**Macht, Stärke**	D Potenzial
potestās, potestātis f. *potestātem facere*	**(Amts-)Gewalt; Möglichkeit** *die Möglichkeit bieten*	

imperium, imperiī n.	**Reich, Herrschaft, (Ober-)Befehl**	E/F empire
pāx, pācis f.	**Frieden**	E peace
pācem facere	*Frieden schließen*	F paix ✎ Als Sinnbild seines politischen Programms ließ Augustus die *Ara Pācis* (Friedensaltar) errichten. 🕊 *Requiēscat in pāce.* (Grabspruch): Er/sie ruhe in Frieden. D Pazifismus
hostis, hostis m.	**Feind**	
socius, sociī m.	**Gefährte; Verbündeter**	D sozial
bellum, bellī n.	**Krieg**	
bellum gerere	*Krieg führen*	
foedus, foederis n.	**Bündnis, Vertrag**	D föderal
amīcitia, amīcitiae f.	**Freundschaft(sbündnis)**	→ 6 amīcus
nātiō, nātiōnis f.	**Volksstamm, Abstammung, Geburt**	D Nation, international
gēns, gentis f.	**Geschlecht, Familie, Stamm, Volk**	F les gens
prōvincia, prōvinciae f.	**Provinz, Amtsbereich**	→ 48 vincere F Provence
bárbarus, bárbarī m.	**Nichtrömer, Nichtgrieche, „Barbar"**	D Barbar ✎ Möglicherweise wurde so ein „Brabbler" bezeichnet, der für den Griechen bzw. Römer unverständliche Laute von sich gab.
līmes, līmitis m.	**Grenzweg, Grenzwall**	E limit F limite
lēgātus, lēgātī m.	**Gesandter; Legat** (milit. Rang)	
lēgātōs dē pāce mittere	*Gesandte zu Friedensverhandlungen schicken*	

1 Führe die deutschen Adjektive auf lateinische Substantive zurück.

	Nominativ	Genitiv	Genus
1 vulgär			
2 populär			
3 zivil			
4 sozial			
5 föderal			

2 Nenne drei lateinische Begriffe für politische Unruhen.
Der erste Buchstabe ist vorgegeben.

Begriff	deutsche Bedeutung
1 s	
2 m	
3 r	

3. Nenne vier Begriffe (nur lateinisch) mit dem Wortstamm reg-.

Wortstamm *reg-*

1 2 3 4

Zur Kontrolle:

1 1 vulgus, vulgi n. 2 populus, populi m. 3 civis, civis m./f. 4 socius, socii m. 5 foedus, foederis n.

2 1 seditio – Aufstand 2 motus – Aufruhr 3 res novae – Umsturz

3 1 rex 2 regnare 3 regius 4 regnum

Ergebnis: _____ von 12 Punkten *→ Bewertung siehe Seite 8*

bonus,a,um	**gut, tüchtig**	F bon, bonne
bene (Adverb)	**gut**	F bien
virtūs, vitūtis f.	**Tüchtigkeit, Tapferkeit, Tugend**	→ 1 vir D virtuos, Virtuose
fidēs, fideī f.	**Treue, Vertrauen, Glaube**	
concordia, concordiae f.	**Eintracht**	→ 2 cor ✎ *in varietate concordia* (Leitspruch der EU) – Eintracht in der Vielfalt
grātia, grātiae f.	**Dank, Gunst**	
grātus,a,um	**willkommen, nett, dankbar**	✎ Eine *persōna nōn grāta* ist eine unerwünschte Person (Diplomatie).
honor/honōs, honōris m.	**Ehre, Auszeichnung; Ehrenamt**	D Honorar, honorieren E honour F honneur
honestus,a,um	**ehrenhaft**	E honest
auctōritās, auctōritātis f.	**Ansehen, Autorität**	
dīgnitās, dīgnitātis f.	**Würde**	E dignity
dīgnus,a,um (mit Abl.) *memoriā dīgnus*	**wert, würdig** *der Erinnerung würdig*	F digne
gravis, gravis, grave (Gen. gravis)	**schwer, wichtig, ernst**	D Gravitation
laus, laudis f.	**Lob**	→ 19 laudāre ✎ *summā cum laude* (beste Wertung einer Doktorarbeit) – mit höchstem Lob
glōria, glōriae f.	**Ruhm**	E glory F gloire
clārus,a,um	**hell, berühmt**	
praeclārus,a,um	**hochberühmt**	
exemplum, exemplī n.	**Beispiel, Vorbild**	D exemplarisch
merēre, mereō, meruī, meritum *bene dē patriā merērī*	**verdienen,** Passiv: **sich verdient machen** *sich um das Vaterland verdient machen*	D Meriten (Verdienste)
decus, decōris n.	**Schmuck, Ehre**	D Dekoration
pudor, pudōris m.	**Scham, Scheu, Ehrgefühl**	
audācia, audāciae f.	**Mut, Verwegenheit**	→ 25 audēre
audāx, audāx, audāx (Gen. audācis)	**kühn, frech**	→ 25 audēre
fortis, fortis, forte (Gen. fortis)	**tapfer, mutig, stark**	F fort/forte *citius, altius, fortius* (Motto der Olympischen Spiele): schneller, höher, stärker

malum, malī n.	**Unglück, Übel**	F mal
malus,a,um	**böse, schlecht**	
vitium, vitiī n.	**Fehler, Mangel**	F vice
turpis, turpis, turpe (Gen. turpis)	**schändlich, hässlich**	
improbus,a,um	**schlecht, unredlich**	
avāritia, avāritiae f.	**Habgier, Geiz**	
superbia, superbiae f.	**Stolz, Hochmut, Arroganz**	→ 8 super
superbus,a,um	**stolz; eingebildet, hochmütig**	✎ *Tarquinius Superbus:* Römischer König, mit seiner Vertreibung endet die Königszeit (510 v. Chr.).
discordia, discordiae f.	**Streit, Zwietracht**	→ 2 cor
contumēlia, contumēliae f.	**Beleidigung, Schande**	
fraus, fraudis f.	**Betrug**	F fraude
dolus, dolī m.	**List, Täuschung, Betrug**	
per dolum	*hinterlistigerweise*	
nocēre, noceō, nocuī, nocitum	**schaden**	
fallere, fallō, fefellī	**täuschen, betrügen**	
Num mē fefellit?	*Habe ich mich etwa geirrt?*	
nisī fallor	*wenn ich mich nicht irre*	
dēcipere, dēcipiō, dēcēpī, dēceptum	**täuschen, betrügen**	F déception *Mundus vult dēcipī, ergō dēcipiātur!* (Sebastian Brant, Narrenschiff) – Die Welt will betrogen werden, also soll sie betrogen werden!
simulāre, simulō, simulāvī, simulātum	**vortäuschen, heucheln**	D simulieren ✎ Ein *Simulant* täuscht eine Krankheit oder Verletzung nur vor.
laedere, laedō, laesī, laesum	**verletzen, stoßen**	D lädiert
crūdēlis, crūdēlis, crūdēle (Gen. crūdēlis)	**grausam**	E/F cruel
crūdēlītās, crūdēlitātis f.	**Grausamkeit**	

scelus, sceleris n.	**Verbrechen**	
scelestus,a,um	**verbrecherisch**	
crīmen, crīminis n.	**Vorwurf, Anklage; Verbrechen**	D Kriminalität, kriminell E/F crime
culpa, culpae f.	**Schuld**	
facinus, facinoris n.	**Tat, Verbrechen**	→ 24 facere
flāgitium, flāgitiī n.	**Verbrechen; Schande**	
causa, causae f.	**Grund, Ursache; Prozess**	D kausal
causam agere	*einen Prozess führen*	E cause F la cause
iūs, iūris n.	**Recht**	D Jura
iūdex, iūdicis m.	**Richter**	E judge ✎ *nēmō iūdex in causā suā!* (Rechtsgrundsatz): Niemand (sei) Richter in eigener Sache!
iūdicāre, iūdicō, iūdicāvī, iūdicātum	**urteilen, richten, halten für**	D Judikative
iūdicium, iūdiciī n.	**Urteil; Gericht**	
iūstitia, iūstitiae f.	**Gerechtigkeit**	D Justiz
iūstus,a,um	**gerecht, rechtmäßig**	
iniūria, iniūriae f.	**Unrecht, Kränkung**	
lēx, lēgis f.	**Gesetz**	D legal, Legislative ✎ *nūlla poena sine lēge!* (Rechtsgrundsatz): Keine Strafe ohne (entsprechendes) Gesetz!
reus, reī m.	**Angeklagter**	✎ *In dubiō prō reō!* (Rechtsgrundsatz): Im Zweifel für den Angeklagten!
accūsāre, accūsō, accūsāvī, accūsātum	**anklagen**	E to accuse F accuser
testis, testis m./f.	**Zeuge**	D Testat, Attest
quaestiō, quaestiōnis f.	**Untersuchung, Frage**	E/F question
quaestiōnem habēre	*eine Untersuchung durchführen*	
damnāre, damnō, damnāvī, damnātum	**verurteilen, verdammen**	E (Umgangssprache) damn! F condamner
capitis damnāre	*zum Tode verurteilen*	
custōdia, custōdiae f.	**Wachposten, Haft, Gefängnis**	
supplicium, suppliciī n.	**Todesstrafe**	F le supplice
poena, poenae f.	**Strafe**	D verpönt
poenās sceleris solvere	*Strafe für ein Verbrechen erleiden*	E penalty
pūnīre, pūniō, pūnīvī, pūnītum	**bestrafen**	E to punish F punir

1 Bilde Gegensatzpaare wie im Beispiel.

bonus	gut	⇔	malus	schlecht	
1 ius		⇔			☐
2 concordia		⇔			☐

2 Nenne zu den Adjektiven das stammverwandte Substantiv (nur Nominativ).

	Substantiv	deutsche Bedeutung	
1 dignus			☐
2 scelestus			☐
3 gratus			☐
4 audax			☐
5 superbus			☐
6 malus			☐

3 Nenne vier lateinische Begriffe für „Verbrechen".
Der erste Buchstabe ist jeweils vorgegeben.

Verbrechen

1 ☐	2 ☐	3 ☐	4 ☐
f	s	f	c

Zur Kontrolle:

1 1 Recht ⇔ iniuria – Unrecht 2 Eintracht ⇔ discordia – Zwietracht, Streit

2 1 dignitas – Würde 2 scelus – Verbrechen 3 gratia – Dank, Gunst 4 audacia – Mut, Verwegenheit 5 superbia – Stolz, Hochmut, Arroganz 6 malum – Unglück, Übel

3 1 flagitium 2 scelus 3 facinus 4 crimen

Ergebnis: _____ von 12 Punkten *→ Bewertung siehe Seite 8*

exercitus, exercitūs m.	**Heer**	D exerzieren
dux, ducis m./f.	**Anführer(in), Führer(in), Feldherr**	→ 30 dūcere E duke
imperātor, imperātōris m.	**Befehlshaber, Herrscher, Kaiser**	E emperor
imperium, imperiī n.	**Reich, Herrschaft, (Ober-) Befehl**	E/F empire
imperāre, imperō, imperāvī, imperātum	**befehlen, herrschen**	D Imperativ
praeesse, praesum, praefuī (mit Dat.) *exercituī praeesse*	**an der Spitze** (von etwas) **stehen, befehligen** *ein Heer befehligen*	→ 33 esse
legiō, legiōnis f.	**Legion** (ca. 6000 Mann)	
cōhors, cōhortis f.	**Kohorte** (zehnter Teil einer Legion, also ca. 600 Mann)	
centūriō, centūriōnis m.	**Zenturio, Hauptmann**	→ 14 centum
mīles, mīlitis m.	**Soldat**	
mīlitāris, mīlitāris, mīlitāre (Gen. mīlitāris)	**Kriegs-, Militär-**	D Militär
pedes, peditis m.	**Soldat zu Fuß**	→ 2 pēs
eques, equitis m.	**Reiter, Ritter** (als soziale Klasse)	→ 35 equus
agmen, agminis n.	**Heer** (auf dem Marsch), **Heereszug; Schar**	
auxilium, auxiliī n.	**Hilfe, im Plural: Hilfstruppen**	
cōnsistere, cōnsistō, cōnstitī	**sich aufstellen, Halt machen, bestehen** (aus)	D Konsistenz
castra, castrōrum n.	(befestigtes) **Lager**	Beachte auch den Plural bei *dīvitiae, arma, loca, litterae, cōpiae, precēs.*
mūnīre, mūniō, mūnīvī, mūnītum *castra mūnīre*	**befestigen** *das Lager befestigen*	
nūntiāre, nūntiō, nūntiāvī, nūntiātum	**melden, mitteilen**	D denunzieren
nūntius, nūntiī m.	**Bote, Nachricht**	
sīgnum, sīgnī n. *sīgnō datō*	**Zeichen, Feldzeichen** *auf ein Zeichen (hin)*	D Signal F signer
arma, armōrum n.	**Waffen**	*Alarm* ist (über das Italienische) entstanden aus *ad arma* (zu den Waffen!).
gladius, gladiī m.	**Schwert**	
ferrum, ferrī n.	**Eisen, Schwert**	
tēlum, tēlī n.	**Lanze, Wurfgeschoss**	

arcēre, arceō, arcuī	**fernhalten, abwehren**	
arx, arcis f.	**Burg, Festung**	
aciēs, aciēī f.	**Schlachtreihe, Heereslinie**	
proelium, proeliī n.	**Schlacht, Gefecht**	
perīculum, perīculī n.	**Gefahr**	
petere, petō, petīvī, petītum	**streben nach; aufsuchen; angreifen; bitten**	
impetus, impetūs m.	**Angriff, Ansturm**	
vulnus, vulneris n.	**Wunde**	
pūgnāre, pūgnō, pūgnāvī, pūgnātum	**kämpfen**	
pūgna, pūgnae f.	**Kampf**	
iacere, iaciō, iēcī, iactum *tēla iacere*	**werfen, schleudern** *Wurfgeschosse schleudern*	Nicht mit *iacēre* (liegen) verwechseln! *Ālea iacta est.* (Caesar zugeschrieben) – Der Würfel ist gefallen.
aggredī, aggredior, aggressus sum	**angreifen, herangehen**	D Aggression
īnstāre, īnstō, īnstitī (mit Dativ) *hostibus īnstāre*	**bedrängen, verfolgen; drohend bevorstehen** *die Feinde verfolgen*	→ 8 stāre
circúmdare, circúmdō, circúmdedī, circúmdatum	**umgeben, umzingeln**	→ 26 dare
circumvenīre, circumveniō, circumvēnī, circumventum	**umzingeln, einkreisen**	→ 31 venīre
invādere, invādō, invāsī, invāsum	**eindringen, überfallen**	D Invasion
occupāre, occupō, occupāvī, occupātum	**besetzen, überfallen**	F occuper
opprimere, opprimō, oppressī, oppressum	**unterdrücken; überfallen, überwältigen**	→ 32 premere
dēfendere, dēfendō, dēfendī, dēfēnsum *sē ab hostibus dēfendere*	**verteidigen** *sich gegen die Feinde verteidigen*	D defensiv
caedere, caedō, cecīdī, caesum	**niederschlagen, töten; fällen**	Nicht verwechseln mit *cadere* (fallen) und *cēdere* (gehen)!
interficere, interficiō, interfēcī, interfectum	**töten, ermorden**	
necāre, necō, necāvī, necātum	**töten**	

victor, victōris m.	**Sieger**	
victōria, victōriae f.	**Sieg**	E victory
triumphus, triumphī m.	**Triumph(zug)**	
vincere, vincō, vīcī, victum	**siegen, besiegen**	*Vēnī, vīdī, vīcī.* (Caesar zugeschrieben) – Ich kam, ich sah, ich siegte.
expūgnāre, expūgnō, expūgnāvī, expūgnātum	**erobern, erstürmen**	→ 47 pūgnāre
cōnsequī, cōnsequor, cōnsecutus sum	**verfolgen; einholen, erreichen**	→ 30 sequī D Konsequenz
praeda, praedae f.	**Beute**	
clādēs, clādis f. *clādem accipere*	**Niederlage, Verlust, Unheil** *eine Niederlage erleiden*	
caedēs, caedis f.	**Mord, Blutbad**	→ 47 caedere
perniciēs, perniciēī f.	**Verderben, Untergang**	E pernicious
cadere, cadō, cecidī	**fallen**	D Kasus Nicht verwechseln mit *caedere* (töten) und *cēdere* (gehen)!
perdere, perdō, perdidī, perditum	**vernichten; verlieren**	F perdre
dēlēre, dēleō, dēlēvī, dēlētum	**zerstören, vernichten**	E delete: Die DEL-Taste des Computers dient zum Löschen von Zeichen.
fugere, fugiō, fūgī *hostem fugere*	**fliehen** *vor dem Feind fliehen*	*Tempus fugit.* (nach Vergil) – Die Zeit verfliegt.
effugere, effugiō, effūgī	**entfliehen**	
fuga, fugae f. *fugā salūtem petere*	**Flucht** *sein Heil in der Flucht suchen*	
parcere, parcō, pepercī (mit Dat.) *alicuius vītae parcere*	**schonen, sparen** *jemandes Leben schonen*	*parcere subiectīs et dēbellāre superbōs* (Vergil über Roms Bestimmung): die Unterworfenen schonen, die Aufrührer niederkämpfen

1 *Ordne die Begriffe, mit dem Kleinsten beginnend, und nenne ihre deutsche Bedeutung:* exercitus, miles, cohors, legio.

1 ☑ miles - Soldat
2 ☑ cohors - Kohorte
3 ☑ legio - Legion
4 ☑ exercitus - Heer

2 *Fülle die Schemata mit Ober- und Unterbegriffen.*
miles, gladius, eques, arma, ferrum, pedes, telum

1 ☑ miles
- 2 ☑ eques
- 3 ☑ pedes

4 ☑ arma
- 5 ☑ gladius
- 6 ☑ ferrum
- 7 ☑ telum

3 *Bilde Gegensatzpaare (nur lateinisch)!*

1 ☑ clades ⇔ victoria
2 ☑ consequi ⇔ fugere

4 *Führe die deutschen Substantive auf lateinische Verben zurück.*

	Infinitiv	Stammformen	
1 Invasion	invadere	invado, invasi, invasum	☑
2 Aggression	aggredi	aggredior, aggressus sum	☐

Zur Kontrolle:
1 1 miles – Soldat 2 cohors – Kohorte 3 legio – Legion 4 exercitus – Heer
2 1 miles 2 eques 3 pedes 4 arma 5 gladius 6 ferrum 7 telum
3 1 victoria 2 fugere
4 1 invadere, invado, invasi, invasum 2 aggredi, aggredior, aggressus sum

Ergebnis: 14 *von 15 Punkten* → *Bewertung siehe Seite 8*

deus, deī m.	**Gott**	F dieu
dea, deae f.	**Göttin**	
dīvīnus,a,um	**göttlich**	E divine
īnferī, īnferōrum m.	**die Götter der Unterwelt**	
superī, superōrum m.	**die himmlischen Götter**	→ 8 superus
religiō, religiōnis f.	**Verehrung, Frömmigkeit; Glaube, Scheu**	D Religion
ōmen, ōminis n.	**Vorzeichen**	D ominös *Nōmen est ōmen.* (nach Plautus) – Der Name ist ein (Vor-)Zeichen.
nūmen, nūminis n.	**Gottheit, göttliche Macht**	
cultus, cultūs m.	**Verehrung, Pflege; Bebauung; Lebensweise**	→ 37 colere D Kult
fās n. (nur Nom. und Akk. Sing.)	**(göttliches) Recht, Gebot**	
fātum, fātī n.	**Schicksal, Götterspruch**	D fatal E fate
ōrāculum, ōrāculī n.	**Orakel(stätte), Götterspruch**	D Orakel
pietās, pietātis f.	**Frömmigkeit, Pflichtgefühl**	D Pietät
pius,a,um	**fromm**	
impius,a,um	**gottlos, frevelhaft**	
templum, templī n.	**Tempel**	
āra, ārae f.	**Altar**	
sacrum, sacrī n.	**Heiligtum, Opfer;** im Plural auch: **Religion, Kult, Gottesdienst**	D sakral, Sakrament
sacer,sacra,sacrum	**heilig; verflucht**	D Sakrament *aurī sacra famēs* (Vergil) – verfluchter Hunger nach Gold!
sānctus,a,um	**heilig**	D Sankt …
sacerdōs, sacerdōtis m./f.	**Priester, Priesterin**	
pontifex, pontificis m.	**(Ober-)Priester, Hohepriester**	Der Papst als oberster Priester der katholischen Kirche ist der *Pontifex Maximus.*
precēs, precum f.	**Bitte, Gebet**	Beachte auch den Plural bei *dīvitiae, arma, loca, litterae, cōpiae.*
vōtum, vōtī n.	**Wunsch, Gelübde**	D Votum

ingenium, ingeniī n.	**Begabung, Geist**	
puer māgnī ingeniī	*ein hochbegabter Junge*	
sapientia, sapientiae f.	**Weisheit, Wissen**	
philosophus, philosophī m.	**Philosoph**	*Facere docet philosophia, nōn dīcere.* (Seneca) – Handeln lehrt die Philosophie, nicht reden.
philosophia, philosophiae f.	**Philosophie**	
disciplīna, disciplīnae f.	**Lehre, Wissenschaft; Ordnung, Erziehung**	→ 16 discere D Disziplin E/F discipline
praeceptum, praeceptī n.	**Vorschrift, Anweisung, Lehre**	→ 20 praecipere
disserere, disserō, disseruī, dissertum	**erörtern, sprechen (über)**	D Dissertation
disputāre, disputō, disputāvī, disputātum	**erörtern, diskutieren**	D Disput, Disputation F disputer *Dē gustibus nōn est disputandum.* – Über Geschmack lässt sich nicht streiten.
auctor, auctōris m.	**Begründer; Schriftsteller**	D Autor
scrībere, scrībō, scrīpsī, scrīptum	**schreiben, verfassen**	D Manuskript F écrire
scrīptor, scrīptōris m.	**Autor, Schriftsteller**	
scrīptor rērum	*Geschichtsschreiber*	
trādere, trādō, trādidī, trāditum	**überliefern, übergeben**	D Tradition
memoriae trādere	*der Nachwelt überliefern*	
poēta, poētae m.	**Dichter**	D Poet, Poesie Das Wort *poēta* ist Mask. (natürliches Geschlecht)!
carmen, carminis n.	**Lied, Gedicht**	
tragoedia, tragoediae f.	**Tragödie**	
legere, legō, lēgī, lēctum	**lesen; sammeln**	D Lektüre Nicht verwechseln: *legit* – er liest, aber *lēgit* (Dehnungsperfekt) – er hat gelesen
liber, librī m.	**Buch**	E library Nicht mit Formen von *līber* (frei) oder *līberī* (Kinder) verwechseln!
littera, litterae f.	**Buchstabe;** im Plural auch: **Brief; Wissenschaft(en), Literatur**	D Literatur E letter F lettre
epistula, epistulae f.	**Brief**	

1 *Finde vier verschiedene lateinische Bezeichnungen für:* Gott, Götter, Gottheit.

1 ✓ deus, dei m.	2 ✓ superi, orum m.
3 ✓ inferi, orum m.	4 ✗ numen, inis n.

2 *Führe auf den lateinischen Ursprung zurück.*

	Nominativ	Genitiv	Genus	deutsche Bedeutung	
1 Poet	poetia	ae	m.	Dichter	✓
2 Literatur	littera	ae	f.	Buchstabe Pl. Brief, Wissenschaft, Literatur	✓

3 *Rätsel*

Waagerecht:
① heilig
② Brief
③ Frömmigkeit (Ablativ)
④ lesen

Senkrecht:
❶ schreiben
❷ Urheber
❸ Altar

			❶					
			S					❸
①	S	A	C	E	R	❷		A
			R			A		R
②	E	P	I	S	T	U	L	A
			B			C		
③	P	I	E	T	A	T	E	
			R			O		
	④	L	E	G	E	R	E	

Zur Kontrolle:
1 1 deus 2 superi 3 inferi 4 numen
2 1 poeta, poetae m. – Dichter 2 littera, litterae f. – Buchstabe
3 Waagerecht: 1 sacer 2 epistula 3 pietate 4 legere
Senkrecht: 1 scribere 2 auctor 3 ara

Ergebnis: 10 *von 13 Punkten* → *Bewertung siehe Seite 8* II ✓

Alphabetische Liste der lateinischen Wörter

Die Nummer hinter dem Wort verweist auf die Nummer des Themas.

A

ā, ab 9, 11
abesse 33
abīre 29
ac 22
accēdere 31
accidere 4
accipere 26
accūsāre 45
ācer 3
aciēs 47
ad 9
addere 32
adesse 33
adhūc 11
adimere 26
adīre 31
admittere 28
adulēscēns 1
advenīre 31
adventus 31
adversus 9
aedīlis 41
aeger 4
aequus 17
aetas 10
aeternus 10
afferre 32
afficere 26
ager 37
agere 24, 32
aggredī 47
agitāre 32
agmen 46
aiō 18
alere 2
aliēnus 17
aliquandō 11
aliquī 23
aliquis 23
aliter 13
alius 23
alter 23
altus 9
amāre 6
ambitiō 41
amīca 6
amīcitia 6, 42
amīcus 6
āmittere 32
amor 6
amphitheātrum 36
amplus 9
an 20
anima 4
animadvertere 3
animal 35
animus 15
annus 10
ante 8, 11
anteā 11
antequam 22
antīquus 10
aperīre 24
appārēre 16
appellāre 18
appropinquāre 31
apud 8
aqua 34
aquaeductus 36
āra 49
arbitrārī 16
arbor 35
arcēre 47
ardēre 34
arēna 34
arma 46
ars 27
arx 47
aspectus 3
asper 3
aspicere 3
astrum 34
at 21
atque 22
auctor 50
auctōritās 43
audācia 43
audāx 43
audēre 25
audīre 3
auferre 32
augēre 13
aura 34
auris 2
aut 22
autem 21
auxilium 46
avāritia 44
avis 35

B

bárbarus 42
basilica 36
beātus 6
bellum 42
bene 43
beneficium 26
bibere 2
bibliothēca 36
bis 14
bonus 43
bōs 37
brevis 10

C

cadere 48
caedere 47
caedēs 48
caelum 34
campus 35
canis 35
capere 26
caput 2
carēre 33
carmen 50
castra 46
cāsus 4
causa 17, 21, 45
cavēre 5
cēdere 29

celebrāre 6
celer 30
cēna 39
cēnsēre 15
centiēs 14
centum 14
centūriō 46
cernere 3
certāre 27
certus 17
cēterī 12
cibus 2
circum/circā 8, 9
circúmdare 47
circumvenīre 47
circus 36
cīvīlis 41
cīvis 41
cīvitās 41
clādēs 48
clāmāre 18
clāmor 18
clārus 43
claudere 24
cliēns 40
cōgere 5
cōgitāre 15
cognōscere 16
cōhors 46
colere 37
colligere 32
collis 35
comes 30
comitia 41
committere 24
commovēre 28
commūnis 40
comparāre 26
compōnere 32
comprehendere 16
cōnārī 25
concēdere 28
concordia 43
condere 36
cōnferre 32
cōnficere 27
coniu(n)x 38
coniungere 32
cōnsentīre 17
cōnsequī 48
cōnsilium 15
cōnsistere 46
cōnstituere 15
cōnsul 41
consulātus 41
cōnsulere 20
cōnsūmere 32
contemnere 7
contendere 19, 30
contentus 6
continēre 33
contiō 41
contrā 9
contumēlia 44
convenīre 31
convertere 32
cōpia 12
cor 2
corpus 2
creāre 27
crēdere 16
crēscere 35
crīmen 45
crūdēlis 44
crūdēlitās 44
culpa 45
cultus 37, 49
cum 21, 22
cunctus 12
cupere 5
cupiditās 5
cupidus 5
cur? 20
cūra 24
cūrāre 24
cūria 41
currere 30
cursus 30
custōdia 45
custōs 36

D

damnāre 45
dare 26
dē 9
dea 49
dēbēre 25
dēcēdere 29
decem 14
dēcernere 28
decimus 14
dēcipere 44
dēcrētum 20
decus 43
dēdūcere 29
dēesse 33
dēfendere 47
dēferre 18
deinde 11
dēlectāre 6
dēlēre 48
dēligere 17
dēmōnstrāre 15
dēnique 11
dēpōnere 32
dēscendere 30
dēserere 29
dēsinere 25
deus 49
dīcere 18
dictātor 41
dictum 18
diēs 10
differre 25
difficilis 25
dīgnitās 43
dīgnus 43
dīligēns 25
dīligere 6
dīmittere 29
discēdere 29
discere 16
disciplīna 50
discordia 44
disputāre 50
disserere 50
dissimilis 17

diū 11
dīversus 17
dīves 33
dīvidere 13
dīvīnus 49
dīvitiae 33
docēre 16
doctus 16
dolēre 2
dolor 2
dolus 44
domina 39
dominus 39
domus 36
domus 39
dōnec 22
dormīre 2
dubitāre 15
dubius 17
dūcere 30
dulcis 3
dum 22
duo 14
dūrus 3
dux 30, 46

E

ē, ex 9
ēdūcere 29
efficere 24
effugere 48
egēre 33
egō 23
ēgredī 29
enim 21
eō 9
epistula 50
eques 46
equus 35
ergō 21
ēripere 26
errāre 16
esse 33
et 22
etiam 22
ēvādere 29
excēdere 29
exemplum 43
exercēre 27
exercitus 46
exigere 29
exīre 29
exīstimāre 17
expellere 29
experīrī 16
expōnere 16
expūgnāre 48
exspectāre 3
extrā 8

F

facere 24
faciēs 2
facilis 25
facinus 45
factum 24
fallere 44
falsus 17
fāma 18
famēs 2
familia 39
fās 49
fātum 49
fēlīcitās 6
fēlīx 6
fēmina 1
ferē 13
ferōx 7
ferre 32
ferrum 46
fidēs 43
fierī 24
fīlia 38
fīlius 38
fingere 27
fīnīre 25
fīnis 9
firmus 3
flāgitium 45
flamma 34
flectere 32
flēre 7
fluere 34
flūmen 34
foedus 42
fōns 34
fōrma 2
forte 21
fortis 43
fortūna 4
forum 36
frāter 38
fraus 44
frequēns 13
frōns 2
fruī 6
frūmentum 37
frūstrā 25
fuga 48
fugere 48
furor 7

G

gaudēre 6
gaudium 6
gēns 38, 42
genus 40
gerere 32
gladiātor 36
gladius 46
glōria 43
grātia 21, 43
grātus 43
gravis 43
grex 37

H

habēre 33
habitāre 39
haud 21
hīc 8
hiems 34
hinc 9
hodiē 11
homō 1

honestus 43
honor/honōs 43
hōra 10
hortārī 20
hospes 39
hostis 42
hūc 9
humānus 1
humus 34

I

iacere 47
iacēre 8
iam 11
ibī 8
īdem, eadem, idem 23
igitur 21
īgnis 34
īgnōrāre 16
īgnōtus 17
ille, illa, illud 23
imāgō 3
immō 21
immortālis 4
impedīre 28
impellere 28
imperāre 46
imperātor 46
imperium 42, 46
impetus 47
impius 49
imprīmīs 13
improbus 44
in 8, 9
incendium 34
incertus 17
incipere 25
inde 11
īnfāns 1
īnferī 49
ingenium 15, 50
ingēns 12
inimīcus 7
inīquus 17
initium 10
iniūria 45
inopia 12
inquit 18
īnstāre 47
īnsula 35, 36
intellegere 16
inter 8
interdum 11
interesse 24
interficere 47
interim 11
interrogāre 20
intrā 8
intrāre 31
invādere 47
invenīre 15
invidia 7
invītus 5
ipse, ipsa, ipsum 23
īra 7
īre 30
is, ea, id 23
iste, ista, istud 23
ita 13
itaque 21
item 13
iter 30
iterum 11
iubēre 20
iucundus 6
iūdex 45
iūdicāre 45
iūdicium 45
iugum 37
iungere 24
iūs 45
iūstitia 45
iūstus 45
iuvāre 6
iuvenis 1
iuventūs 1

L

labor 27
labōrāre 27
lacrima 7
lacus 34
laedere 44
laetus 6
lapis 34
lātus 9
laudāre 19
laus 43
lēgātus 42
legere 50
legiō 46
leō 35
levis 3
lēx 45
libenter 6
līber 39
liber 50
līberāre 39
līberī 38
lībertās 39
lībertus 39
licet 28
līmes 42
lingua 18
littera 50
lītus 35
locus 8
longus 9, 10
loquī 18
lūdere 39
lūdus 39
lūmen 34
lūna 34
lūx 34

M

maestus 7
magis 13
magister 16
magistrātus 41
māgnus 13
māiōrēs 38
mālle 5
malum 44
malus 44

mandāre 26
manēre 8
manus 2
mare 34
marītus 38
māter 38
mātrimōnium 38
mātrōna 38
maximē 13
maximus 13
medicus 4
medius 8
meminisse 16
memoria 16
mēns 15
mentīrī 19
mercātor 36
merēre 43
metuere 7
metus 7
meus 23
mīles 46
mīlitāris 46
mīlle 14
mīlliē(n)s 14
minuere 13
minus 13
mīrārī 6
mīrus 6
miser 7
mittere 29
modō 11
modus 12, 25
moenia 36
mollis 3
monēre 20
mōns 35
morbus 4
morī 4
mors 4
mortālis 4
mortuus 4
mōs 40
mōtus 41
movēre 32
mulier 38
multitūdō 12
multum 13
multus 12
mundus 8
mūnīre 46
mūnus 41
mūtāre 29

N

nam 21
nāscī 4
nātiō 42
nātūra 34
nāvigāre 30
nāvis 30
nē 22
nē … quidem 21
-ne 20
necāre 47
necessārius 33
necesse est 28
negāre 19
neglegere 15
negōtium 27
nēmō 23
nepōs 38
neque, nec 21
nescīre 16
nihil 12
nimis 13
nimius 13
nisī 22
nōbilis 40
nocēre 44
nōlle 5
nōmen 18
nōn 21
nonāgintā 14
nōndum 11
nōnne ? 20
nōnnūllī 12
nōnus 14
nōs 23
nōscere 16
noster 23
novem 14
novus 17
nox 10
nūllus 12
num ? 20
nūmen 49
numerus 12
numquam 11
nunc 11
nūntiāre 46
nūntius 46

O

oblīvīscī 16
occultus 16
occupāre 47
octāvus 14
octō 14
octōgintā 14
oculus 2
ōdisse 7
odium 7
officium 25
ōmen 49
omittere 25
omnis 12
opera 27
oportet 28
oppidum 36
opprimere 47
ops 33
optāre 5
optimus 17
opus 27
opus est 27
ōra 35
ōrāculum 49
ōrāre 18, 20
ōrātiō 18
ōrātor 18
orbis 8
ōrdō 40
orīrī 33
ōs 2

ostendere 24
ōtium 39

P
paene 13
pār 17
parāre 27
parcere 48
parentēs 38
pārēre 20
parere 38
pars 9, 12
parum 13
parvus 12
pāstor 37
pater 38
patī 7
patria 40
patrōnus 40
paucī 12
pauper 33
pāx 42
pecūnia 33
pecus 37
pedes 46
pellere 32
per 9
perdere 48
perferre 27
perficere 25
pergere 25
perīculum 47
perīre 4
permittere 28
perniciēs 48
persuādēre 19
pervenīre 31
pēs 2
petere 5, 47
philosophia 50
philosophus 50
pietās 49
pius 49
placēre 28
plēbs 40
plēnus 12
plūs 13
poena 45
poēta 50
pollicērī 19
pōnere 32
pōns 36
pontifex 49
populus 40
porta 36
portāre 32
portus 36
poscere 20
posse 25
possidēre 33
post 8, 11
posteā 11
posterus 10
postquam 22
postrēmō 11
postulāre 20
potēns 41
potentia 41
potestās 41
potius 13
praebēre 26
praeceptum 50
praecipere 20
praeclārus 43
praeda 48
praeesse 46
praemium 26
praestāre 17
praeter 21
praetor 41
precēs 49
premere 32
prīmō, prīmum 11
prīmus 14
prior 11
priusquam 22
prō 21
prōcēdere 30
procul 8
proelium 47
proficīscī 29
prohibēre 28
prōmittere 19
prope 8
propinquus 38
prōpōnere 19
proprius 17
propter 21
prōvidēre 15
prōvincia 42
proximus 8
prūdens 15
prūdentia 15
publicus 40
pudor 43
puella 1
puer 1
pūgna 47
pūgnāre 47
pulcher 2
pūnīre 45
putāre 16

Q
quadrāgintā 14
quaerere 20
quaestiō 45
quaestor 41
quālis 13
quam 13
quamquam 22
quandō ? 11
quantus 13
quārtus 14
quater 14
quattuor 14
-que 22
querī 18
quī, quae, quod 23
quia 22
quid 23
quīdam 23
quidem 21
quīnquāgintā 14
quīnque 14

quīntus 14
quis 23
quisquam 23
quisque 23
quisquis 23
quō 9
quod 22
quōmodō ? 20
quoniam 22
quoque 22
quot 13
quotiēns 13

R

rapere 26
ratiō 15
recēdere 31
recipere 26
reddere 26
redīre 31
redūcere 31
referre 18
regere 41
regiō 9
rēgius 41
rēgnāre 41
rēgnum 41
religiō 49
relinquere 29
relīquus 12
remittere 31
repetere 5
rēs 33
rēs novae 41
respondēre 19
retinēre 28
reus 45
rēx 41
rīdēre 6
rīpa 35
rogāre 20
rūrsus 11
rūs 37

S

sacer 49
sacerdōs 49
sacrum 49
saeculum 10
saepe 11
saevus 7
salūs 4
salūtāre 19
salvē! 19
salvus 4
sānctus 49
sanguis 2
sānus 4
sapiēns 15
sapientia 15, 50
satis 13
saxum 34
scelestus 45
scelus 45
scientia 16
scīre 16
scrībere 50
scrīptor 50
sē 23
secundus 14
sed 21
sedēre 8
sēdēs 8
sēditiō 41
semel 14
semper 11
senātor 41
senātus 41
senex 1
sēnsus 3
sententia 18
sentīre 3
septem 14
septimus 14
septuāgintā 14
sequī 30
sermō 19
serva 39
servāre 24
servīre 39
servitūs 39
servus 39
sex 14
sexāgintā 14
sextus 14
sī 22
sibi 23
sīc 13
sīcut 17
sīgnum 46
silva 35
similis 17
simul 11
simulāre 44
sīn 22
sine 21
sinere 28
singulī 12
sīve ... sīve 22
societās 40
socius 42
sōl 34
solēre 25
sōlus 12
solvere 24
somnus 2
soror 38
sors 4
spatium 8
spectāculum 3
spectāre 3
spērāre 15
spēs 15
stāre 8
statim 11
statua 36
statuere 28
studēre 5
studium 27
sub 8, 9
subitō 11
sūmere 26
summus 8
super 8, 9

superāre 27
superbia 44
superbus 44
superesse 33
superī 49
superus 8
supplicium 45
suscipere 28
sustinēre 27
suus 23

T
taberna 36
tacēre 18
tālis 13
tam 13
tamen 21
tandem 11
tangere 24
tantum 13
tantus 13
taurus 35
tēctum 36
tegere 24
tellūs 37
tēlum 46
tempestās 34
templum 49
temptāre 28
tempus 10
tenēre 24
ter 14
terra 34
terrēre 7
terror 7
tertius 14
testis 45
theātrum 36
thermae 36
timēre 7
timidus 7
timor 7
toga 39
tollere 32
tot 13
tōtus 12
trādere 50
tragoedia 50
trahere 32
trāns 9
trānsīre 31
trēs 14
tribuere 26
tribūnus 41
trīgintā 14
trīstis 7
triumphus 48
tū 23
tuērī 3
tum 11
turba 12
turpis 44
turris 36
tūtus 3
tuus 23

U
ubī 8, 11, 22
ubīque 8
ūllus 23
ultimus 8
umquam 11
unda 34
unde 9
undique 9
ūnus 14
urbānus 36
urbs 36
ūsque ad 11
ūsus 24
ut 17, 22
uterque 23
ūtī 24
ūtilis 24
uxor 38

V
vacuus 33
valē! 19
valēre 2
varius 17
vel 22
velle 5
venīre 31
ventus 34
verbum 18
verērī 7
vērō 21
vertere 32
vērus 17
vester 23
vestis 39
vetāre 28
vetus 10
via 36
victor 48
victōria 48
vīcus 37
vidēre 3
vidērī 15
vīgintī 14
vīlicus 37
vīlla 37
vincere 48
vīnum 37
vir 1
virgō 1
virtūs 43
vīs 27
vīta 4
vitium 44
vīvere 4
vīvus 4
vix 13
vocāre 18
voluntas 5
volvere 32
vōs 23
vōtum 49
vōx 18
vulgus 40
vulnus 47
vultus 2

Her mit den besseren Noten!

Das bewährte *Besser in Englisch*-Lernhilfenprogramm gibt es komplett von Klasse 5–10: Je ein vierfarbiger Band pro Fach und Jahrgang deckt alle wichtigen Lehrplanthemen ab.
Übungen, Tipps, Lösungshilfen und die wichtigsten Regeln zum Nachschlagen und Lernen für zu Hause und unterwegs.
Mit separatem Lösungsheft – zur Selbstkontrolle oder für die Eltern.

	ISBN 978-3-589-
Englisch 5. Klasse	21816-5
Englisch 6. Klasse	21817-2
Englisch 7. Klasse	21818-9
Englisch 8. Klasse	21819-6
Englisch 9. Klasse	21820-2
Englisch 10. Klasse	21821-9

Es gibt *Besser in* ... auch in Deutsch/Mathe für die Klassen 5–10.

Folgende Titel liegen außerdem vor:

	ISBN 978-3-589-
Englisch Lernwörterbuch 5. bis 10. Klasse	22252-0
Englisch: Die große Lernkartei 5./6. Klasse	22260-5
Englisch: Die große Lernkartei 7./8. Klasse	22261-2
Französisch Grammatik 1. Lernjahr	21831-8
Französisch Grammatik 2. Lernjahr	21832-5
Französisch Grammatik 3./4. Lernjahr	21833-2
Französisch Lernwörterbuch 1. bis 4. Lernjahr	22251-3
Französisch: Die große Lernkartei 1./2. Lernjahr	22290-2
Latein Grammatik 1./2. Lernjahr	21830-1
Latein Grammatik 3./4. Lernjahr	22445-6
Latein Lernwörterbuch 1. bis 4. Lernjahr	22288-9
Latein: Die große Lernkartei 1./2.	22490-6
Spanisch Grammatik 1./2. Lernjahr	21829-5

Cornelsen
SCRIPTOR

Fragen Sie bitte in Ihrer Buchhandlung oder im gut sortierten Fachhandel!